国立大学法人北海道国立大学機構
小樽商科大学経営学特講
生活協同組合コープさっぽろ寄付講座

北海道未来学 2

国立大学法人北海道国立大学機構　小樽商科大学
コープさっぽろ寄付講座運営委員会 監修

発刊にあたって

小樽商科大学 学長　穴沢 眞

昨年に続き『北海道未来学』を出版する運びとなり、大変うれしく思います。今回も前回同様、小樽商科大学におけるコープさっぽろの寄付講座「北海道未来学」に講師として参加された方々の大変興味深い講義を掲載させていただきました。どの講義も学生にとって大変刺激的なものであり、学生からも多くの質問が出され、充実した内容でした。

これまで北海道経済を支えてきた観光、農林水産業に加え、半導体メーカーが進出したり、北海道と札幌市がＧＸ金融・資産運用特区の指定を受けたりするなど、新たな追い風が北海道経済に吹きつつあります。大きなポテンシャルを持つ北海道経済がようやく動き出したように思います。この流れを確実に次につなげることが重要です。

『北海道未来学』は変化し続ける北海道にとってさまざまな視点を提供してくれる、「ヒントの宝庫」といえます。ヒントを得るだけでなく、多くの若者が行動を起こし、さまざまな分野で北海道に変革をもたらしてくれることを望んでやみません。

あらためまして、この場をお借りしてコープさっぽろのご支援に感謝の意を表したいと思います。

北海道未来学2　目次

第2章

事業変革 イノベーションのリアリティ

株式会社マクニカ 代表取締役社長
原 一将

第3章

選択できる未来をつくる

パナソニック ホールディングス株式会社 執行役員 Panasonic Well本部長
Yohana株式会社 創業者 CEO
松岡陽子

第4章 コンセプトのつくりかた

株式会社ニューピース CEO 高木新平

第5章

絶望を希望に変える経営学

慶應義塾大学商学部　准教授　岩尾俊兵

第6章

マインドシェアを獲得する日清食品のブランディングと未来の食「完全メシ」プロジェクト

日清食品株式会社　代表取締役社長　安藤徳隆

第9章 第二創業で目指す経営

株式会社良品計画 取締役会長 堂前宣夫

第12章

小樽商科大学生へ 3つのルール 地域産業創出

株式会社Q0 代表取締役社長 林 千晶

第13章

事業開発としての地方創生

株式会社IGPIグループ 共同経営者 CLO
株式会社経営共創基盤 取締役マネージングディレクター 塩野 誠

第1章

北海道の未来を創る WELL-BEING

一般社団法人 日本ウェルビーイング推進協議会 代表理事
アステリア 株式会社 CWO (Chief Well-being Officer)
島田由香(しまだ・ゆか)

1996年慶應義塾大学卒業後、㈱パソナ入社。2002年コロンビア大学大学院で組織心理学修士取得、日本GE㈱にて人事マネジャーを経験。08年ユニリーバ・ジャパン㈱入社、14年取締役人事総務本部長就任。17年に㈱YeeYを共同創業し代表取締役就任。企業の経営支援や人事コンサルティング、組織文化の構築支援などを通じて、日本企業のウェルビーイング経営実現に取り組んでいる。

イノベーションとウェルビーイング

今、日本はウェルビーイング（Well-being）に本気です。政府は毎年6月に日本の成長戦略方針を発表しますが、3年前（2021年）の「成長戦略実行計画」にウェルビーイングという言葉を載せて以来、省庁はもちろん、各自治体、さまざまな企業がウェルビーイングに取り組んでいます。今日は「北海道の未来を創る」という切り口で、ウェルビーイングの概念についてお伝えします。

さて、この講演は小樽商科大学とコープさっぽろが共催しています。私は大学と企業が協働して教育を行う意味を考えてみました。

小樽商科大学のホームページに素敵なキーワードを見つけました。それは「世界と地域をつなぐ、ビジネスパーソンへ」。私にはすごく響くキーワードです。世界と地域をつないでいくビジネスパーソンになれば、世の中は確実によくなります。「日本トップクラスのマーケティング研究機関」という言葉にもワクワクしました。私が取り組んでいる人事という仕事もマーケティングなのです。私たちが毎日何をやっているかといえば、じつはマーケティングです。「自分」という人間を伝えていくことも、知ってもらうこともマーケティングなのです。

そして、「国内唯一の社会科学系の単科大学」。皆さんが大学でビジネスを専攻しているからこそ、こうして企業と連携して学んでいるわけですが、今回、北海道ではコープさっぽろという企業の役割がとても大きいことを実感しました。

初めてコープさっぽろのホームページを見たとき、とても新鮮に感じました。私が持っていた生協のイメージは、硬い、真面目、実直というものですが、コープさっぽろは少し違っています。「新しい常識を次々と生み出し『新しいあたりまえ』をつくる」というキャッチフレーズが掲げられていますが、これはビジネスにおいて非常に大事なことです。そしてロゴに「つなぐ」という合言葉が置かれ、ホームページには「人と人をつなぐ・人と食をつなぐ・人と未来をつなぐ」と書かれています。じつは、「つなぐ」は今私が一生懸命に取り組んでいる事業の名前なのです。昨年から全国の農村漁村地域で、ＴＵＮＡＧＵプロジェクトというリーダーの育成と地域活性化を同時に起こす人材育成プログラムを展開しています。共通点を知って感動しました。

企業の役割を見るとき、何を生業としているのか、その土地でどんな活動を展開しているのか、どのくらいの規模の人たちに影響を与えているのかが重要ですが、コープさっぽろには２００万人を超える非常に多くの組合員がいます。これは札幌市の人口を上回っています。岐阜県や長野県など1つの県の人口に匹敵する会員数を抱えているということです。コープさっぽろの役割は、この多くの人の力をつなぐことなのだと思います。

北海道は、農林水産業、観光業、エネルギー資源など、いろいろな点で日本一です。その北海道でコープさっぽろは大きな役割を持っています。

大学という教育機関と、地域の多くの人を対象に事業を展開する企業がコラボすることによって何を実現するか。イノベーションを起こすことだと思います。

イノベーションは、近くの知（知恵・知識）と、遠くの知（知恵・知識）が融合したときに起きます。「移動距離とイノベーションは比例する」という言葉があります。つまり、いつもと違う、見たことがない、やったことがない、自分にとって当たり前ではないことの融合が、イノベーションの条件なのです。これは、コープさっぽろが掲げる「新しい常識を次々と生み出し『新しいあたりまえ』をつくる」につながります。

私にとって北海道で学ぶ皆さんは、遠くの知です。そして北海道で学ぶ学生の皆さんにとって、私は遠くの知です。東京で、皆さんが経験したことのない人事という仕事に携わり、皆さんにない社会人としての経験を持っている。今日は、遠くにある知が結びつく、そんな時間だと思います。イノベーションが起きやすい場です。その場を小樽商科大学とコープさっぽろがつくっているわけです。

イノベーションを起こすときには、その人が「よい状態」であるかどうかが大きく関わります。その「よい状態」というのが、ウェルビーイングです。社会人であれば、よりよい職場をつくりたい、より強い組織を構築したいと思うでしょう。

通常、「よい組織や強いチームをつくりたい」と言うとこう問われます。「リーダーシップを発揮していますか?」「リーダーを育成していますか?」、あるいは「チームビルディングしていますか?」「エンゲージメントを高く保っていますか?」。経営ではこうしたことを重視しますが、これらの根底にあるのがウェルビーイングなのです。

自分に意識を向ける

「ウェルビーイングな生き方」とは、よい人生を送ることです。

皆さんは「よい人生を送りたい」と思っているはずです。「悪い人生にしよう」「不幸になろう」と思っている人はいないでしょう。では、どうすればよい人生を送ることができるのか。私が自分の体験から挙げる「よい人生を送るためのキーワード」は次の5つです。

- 自分を知る
- 自分らしくある
- 強みを使う
- 前向きである
- ウェルビーイングである

まず「自分を知る」。自分は何が好きで、何が嫌いで、どんなときにワクワクして、どんなときにげんなりするか。何が得意で何が不得意か。とてもシンプルなことですが、自分を知るには、自分に興味を持たなくてはいけません。自分に意識を向けて自分に興味を持たなければ、自分を知ることはできません。

私たちの意識はいつも外側に向いています。親に何を言われるかが気になり、会社に勤めていれば、上司、同僚、部下のことが気になります。いつも外側のことを考えています。社会で生きている以上いろいろな人と接点があるので、そこに意識を向けるのは大切なことですが、そればかりやっていると、自分に意識を向けることができなくなります。

自分に意識を向けると、身体の状態がよくわかり、心の状態に気づけるようになります。これが大切です。日々いろいろな活動をして意識が外側に向いているときこそ、ぜひ、少しだけ自分に意識を向ける時間をとってください。

その時間は12~20秒でよいことが研究でわかっています。1日のうちの12~20秒ならできるでしょう。3回呼吸するくらいの時間です。私は電車を待っているときや横断歩道で信号が変わるのを待っているときに行います。あるいは、仕事でミーティングを始める前に「内省しよう。目つぶって呼吸を整えよう」と言ったりします。こうして自分の状態に気づこうとするのです。これを「マインドフルネス」といいます。マインドフルとは、自分にきちんと気を遣っている、ケアしている、意識を向けているという意味です。

いつもはマインドがどこかに行っているので、それを自分に向ける。そうすることによって「自分らしさ」がわかります。自分らしさがわからない人がとても多いのですが、自分に興味を持って、そこから「こういうときが自分らしい」というものを紡《つむ》いでいってください。

「自分の強み」をヒアリングする

それから「強み」を使うこと。皆さんには必ず強みがあります。その強みを使いまくるのです。残念なことに、強みがあるのに気づいていない人、使っていない人が多くいます。多くの人が、弱みや短所と言われるところに意識を向けています。

「弱み」ではなく「使っていない強み」という言い方があります。ポジティブ心理学ではすべてが強みで、「よく使う強み」「あまり使っていない強み」などの言い方をします。こうした言い換えを「リフレーミング」といいますが、物事はすべてリフレームできるので、肯定的にリフレームするスキルを身につければ、さまざまなものの解釈や視点が変わっていきます。

「自分に強みはありません」「わかりません」という人は、リフレーミングのために「ヒアリング」をしてください。自分のことをよく知っている人、少なくとも5人に聞きます。

「私の強みってなんだろう?」「ちょっと聞きたいんだけど、僕のいいところってどこかな?」「素敵だなって思うところある?」と聞いてみてください。ただし条件があります。

自分の強みを聞いて、たとえば「いつも前向きだよね。物事を100%前向きにとらえて頑張るよね」と言われたとします。あるいは「いろいろなことを継続しているよね。諦めないでやるね」「笑顔がいいね」「服のセンスがいいね」と言われたとします。そのときに「いやいや、そんなことないよ」と言ってはいけません。「ありがとう」と言って全部受け止める。これができない人はヒアリングしないでください。できる人はぜひヒアリングしてみてください。

よい人生を送るには前向きであることが大切です。つい愚痴ったり文句を言ったりしてもかまいませんが、そのあとに前を向いてください。「いろいろあるけれど、次どうしよう」と次を考えるのです。これを「前向き」といいます。「ずっと前を向いていて、後ろを振り向いてはいけない」という意味ではありません。「いつもポジティブでいろ、ネガティブは駄目だ」と言っているのでもありません。人間には両方ありますから、ときには落ち込んでガーンとなったり頭にきたり、文句を言ったり嫌になったりしてもいいのです。

でも、前向きな人はそのあとに「ＯＫ、じゃあ、どうしようか」となります。それをやってほしいのです。これができる状態がウェルビーイングです。

ウェルビーイング＝よい状態

ここで、ウェルビーイング（Well-being）の定義をお伝えします。

ウェルビーイングは、「幸せ」「継続的幸福」と訳されることが多く、ＷＨＯは「心身ともに健康で社会的によい状態」と定義しています。シンプルにいえば「よい状態」ということです。

さて、ここで自分に興味を持って、私の問いに答えてください。

「自分がよい状態なのは、何をしているときですか」。書き出してみてください。「寝ているとき」でもいいし、「おいしいものを食べているとき」「サーフィンをしているとき」「スキーをしているとき」「お気に入りのものを見つけたとき」「買い物をしているとき」など、どんなことでもかまいません。

次に、そのうち1つを選んで、そのときのことを思い出してください。思い出しながら、自分の中にどんな感情が生まれるかに気づいてほしいのです。その感情に名前をつけるとしたらどうでしょう。「喜び」「感動」「うれしい」「楽しい」、どんな表現でもいいので、それを一度感じてみてください。ウェルビーイングは、頭での理解ではなく、心で感じて身体でわからないかぎり、自分がよい状態であることを他の人に伝えていくのは難しくなります。ですから、自分がよい状態であるときはどんなときかを具体的に思い出してください。その中で1つ選んで、その状態を深く味わってほしいのです。

過去に経験した自分のよい状態を思い出していると、脳はすぐにそのときの状態なります。そのときの感情は前向きなものが多く、この感情を「ポジティブ感情」といいます。ポジティブな感情を持っている自分に気づくことを、今日この瞬間から少し意識してもらいたいのです。「おいしいな」「うれしいな」「楽しいな」「ワクワクするな」どんな表現でもけっこうです。

私たちは、朝起きてから夜寝るまでにたくさんのことをしています。たくさんのことを、見て、聞いて、感じています。その中で「あ、自分は今ポジティブに感じている」ということがいくつもあるでしょう。これがウェルビーイングであることに大いに貢献します。

ウェルビーイングが高い人には、次の6つの効果があることがわかっています。

- 健康
- 長寿
- 素晴らしい人間関係
- 仕事のパフォーマンスと創造性の向上
- 社会への参加・社会性のある行動
- レジリエンスの向上

これは、ポジティブ心理学の創始者のマーティン・セリグマン博士の二十数年の研究に基づくものです。

ウェルビーイングが高い人は、健康で長寿です。人間関係が素晴らしい。仕事のパフォーマンスも上がる。創造性も上がります。これはイノベーションと直結しています。そして社会への参画や社会性のある行動が増えて、さらにはレジリエンス（辛いこと、大変なこと、苦しいことがあっても耐えうる力）が向上します。ウェルビーイングが高い人には、この6つのことが認められているのです。さらには、免疫力が高いこともメディカルデータでわかっています。

では、ウェルビーイングを上げるにはどうすればよいのでしょうか。

PERMAを意識しながら1日を過ごす

セリグマン博士は「PERMAモデル」というものを教えてくれています。ウェルビーイングが高まる要素は5つあり、その頭文字をとってPERMAです（**図表**）。

まずP（Positive Emotion）。「ポジティブな感情」をより強く感じる人のほうが、ウェルビーイングが高いとされます。自分に対して意識的になり、ポジティブな感情を持っている状態に気づいてください。だからといって、ネガティブな感情を持つなと言っているわけではありません。ポジティブがよくてネガティブが悪いわけではありません。ネガティブな感情は自分のニーズを教えてくれる大切なお知らせです。ネガティブな感情にも気づいて、それにしっかりと対応できると、ポジティブな感情を感じやすくなります。

E（Engagement）は、主体的に何かに関わること、「没入」という意味です。没頭、没入できるくらい夢中になれるものがある人は、ウェルビーイングが高いのです。仕事

図表　Well-being（継続的幸福）を高める5つの要素

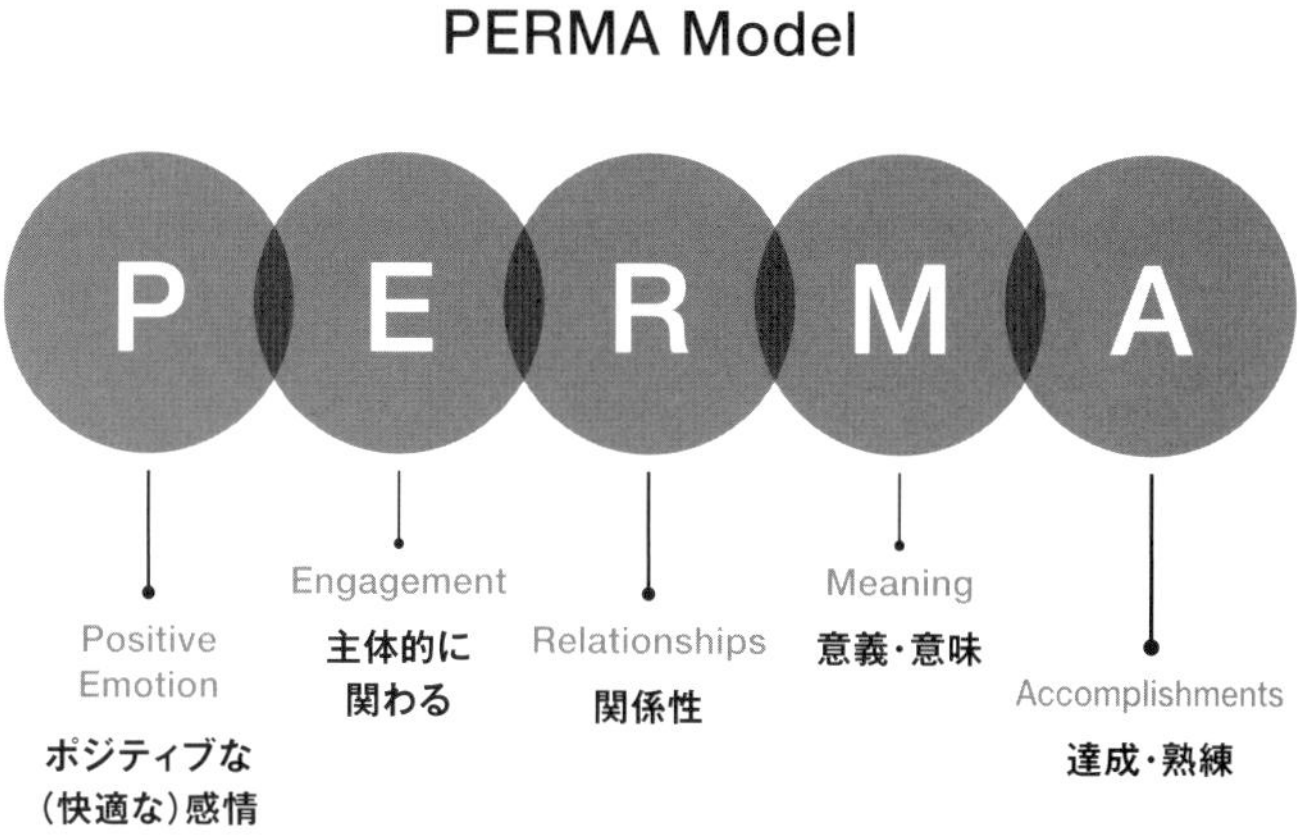

出典：マーティン・セリグマン博士　ペンシルバニア大学

や勉強だけでなく、趣味でもかまいません。漫画、ゲーム、スポーツ、ペット、推しのアイドル、なんでも没入するものがある人のほうが、ウェルビーイングが高いことがわかっています。

R（Relationships）は「関係性」です。私たちをよくない気分にさせる大きな原因に人間関係があります。他者とよい関係性を持っている人のほうが、ウェルビーイングが高いことがわかっています。

M（Meaning）は「意義」「意味」です。今自分が関わっていること、携わっていることに意義や意味を感じている人、「自分には生まれてきた意味がある」「これをやっている時間には本当に意味がある」と自分の存在意義や人生に意味を感じられる人はウェルビーイングが高いのです。

最後のA（Accomplishments）は「達成」を表し、「進化」「進歩」という意味もあります。何か自分が達成したいと思っているゴールがあるとします。ゴールに到達できなかったときには、「残念だった。あともう少しだった」と思うかもしれませんが、Accomplishmentsは「ここまでいったのだ」と考えます。ゴールには達しなかったけれども、ここまでは到達したと受け取ります。たとえば、仕事が目標の6割しか進まなかった。しかし0ではない、6割は行った。そのことを1回認めます。これがAccomplishmentsの考え方です。褒めるのではなく、それでよいとOKを出すことでもなく、「ここまでやったんだね」と認めるのです。

PERMAを意識しながら1日を過ごすことによって、ウェルビーイングが確実に上がっていきます。

「よし、たかい」で肯定脳をつくる

私がお勧めするのは、寝る前に一度1日をPERMAで思い出すことです。

今日どんな「ポジティブ感情」を持ったか。今日は何に「夢中」になったか。どのような「関係性」の中で今日1日を過ごしたか。どんな「意義」あることをしたか、何を「達成」したか。1週間前よりも今日、昨日よりも今日、何かできたことがあったか、そんなことを思い出して寝ると、まず睡眠の質がよくなります。それからウェルビーイングが上がっていくので、確実に6つのことが達成しやすくなることもわかっています。

ぜひ寝る前にPERMAで思い出してみてください。ただし、そのときやってほしくないことがあります。「今日は夢中になるものがなかったな」「駄目だな、自分」などの自己否定と卑下です。これは必要ありません。そんな日は、淡々と「今日はとくになかったな」でいいのです。

私は、PERMAの日本語バージョンをつくってみました。「PERMAよし、たかい」です。日本語のほうがやりやすい人は、「よし、たかい」と繰り返し言い続けてください。「よ」は「よい感情」、「し」は「主体的に関わる」、「た」は「達成・熟練・成長を感じる」、「か」は「関係性」、「い」は「意義・意味」です。

「よし、たかい」は脳神経言語学的にとてもパワフルな言葉で、それ自体が肯定言語であることが鍵です。肯定言語を声に出して、それを自分の耳で聞く。これは脳が肯定脳になっていくことをサポートします。

脳には「選択的注意」という機能があります。脳は、私たちが注意を払う情報を、無意識に視覚、聴覚、体感覚的に受け取るため、肯定的なものに選択的注意を向けていけるようになれば、その情報が入ってくるようになります。インプットが変わるとアウトプットも変わります。私たちの言動が変わるので起きる結果が変わるのです。否定的なものやネガティブなものに選択的注意を向けてしまっている人が多いのですが、そうすると否定脳になっていきます。

このような繰り返しは、毎日毎週、無意識に行われていますから、どういう脳の使い方を選ぶかは、自分の言葉や姿勢から変えていけるのです。

よい状態であるのは本来どちらなのかは自分が知っているはずです。誰かに文句を言ったり、誰かの悪口を言ったり、誰かをうらやましがって自分を卑下したり否定したり、「人生って最悪だ」と思っていたりする状態は、あなたにとってよい状態でしょうか。もしそれを本当によい状態だと思うならそれでかまいません。自分がどんな状態がよい状態なのかを知ることはとても大切なのです。これが、今日私が一番皆さんに伝えたいことです。

「学習性楽観主義」で歩んでいこう

1998年にバーバラ・フレドリクソンという研究者が発見した説があります。「Broaden-

and-Build Theory」といいます。broadenは「拡張」、buildは「形成」の意味で、「拡張形成理論」と呼ばれます。フレドリクソンは、人間がある状態のとき、頭蓋骨の中で脳が物理的に拡張することを見つけたのです。

ある状態のとき、私たちの脳は頭蓋骨の中で物理的に拡張するので、その広がったところに新しい考え、新しいやり方、新しい関係性をbuild on（形成）していくことができます。つまり、ある状態のときに脳の発展と発達が可能になるのです。

どんな状態のときに脳は拡張するのでしょうか？

私たちがポジティブな感情を持っているとき、脳は広がり、そこに新しいものを積み重ねていくことができます。フレドリクソンは同時に、逆の現象も発見しました。私たちがネガティブな感情を持つとき、脳は収縮し、視野が狭まって視座が下がるのです。

皆さんは、どちらの状態のときに勉強しようと思いますか。どちらの状態のときに仕事をしたいでしょうか。答えは明確ですね。このように、ポジティブな感情を持つことの効果は非常に大きいのです。

会社の中には、ポジティブな感情を持てなくなるような環境も多いでしょう。心理的に不安になったり、怒られたり、ダメ出しばかりされたり、仕事に失敗はつきものです。その状態をどう前向きにとらえて、次の成長につなげていくか。社員が協力し合えば、そうした環境をつくることができます。その最初の一歩は、まず人の話を聞くことです。人の話をしっかり聞いて受け止めてください。

会議やミーティングで意見を言っても誰も何の反応もしない、表情すら変えないという環境では、もう二度と発言したくなくなります。意見に賛同したり反対したりする前に、「そういう考えなんですね」「そういう意見なんだね」と一度受け止めることが大切です。そのあとに「それはいいね」、あるいは「でも、自分はこう思うよ」と否定的に言ってもかまいません。しかし、受け止めてもらえていない、聞いてもらえていないというサインは、私たちに「恐れ」の感情をもたらします。

そして、「嫌われたくないし、これ以上傷つきたくないから、もう発言するのをやめよう」となる。これを「学習性無力感」といいます。何をやっても駄目だから、もう言わないでおこうという無力感です。これをぜひやめてください。学習性無力感でいっぱいなどという、そんな人生を歩みたい人は1人もいないはずです。

学習性無力感の逆の状態に「学習性楽観主義」があります。これもセリグマン博士がつくった言葉で、「前を向いていく姿勢」という意味です。無力感は感情、感覚ですが、楽観主義は姿勢です。姿勢ですから自分でコントロールできます。

よい状態を自分で選んで、学習、学びを繰り返しながら前を向いていく、そんな存在であれば、人との関係性の中でもそれを体現できます。人の話を聞くことができて、受け止められれば、それが相手の喜びを増大させ、さらに関係性が満たされていきます。それをぜひとも今日から、自分の現場から始めてください。確実に人が変わり、組織も変わっていきます。そして、あなたの人生も変わっていきます。

第1章

講義のポイント

1 よりよい世界をつくっていくためにはイノベーションが欠かせない。イノベーションを起こすには、その人がウェルビーイング（よい状態）であるかが重要。

2 よい人生を送るためのキーワードは5つ ①自分を知る ②自分らしくある ③強みを使う ④前向きである ⑤ウェルビーイングである。

3 ウェルビーイングが高い人には6つの効果がある。「健康」「長寿」「人間関係がよくなる」「仕事のパフォーマンスと創造性の向上」「社会性が増す」「レジリエンスが向上する」。

4 「よし、たかい」と言い続けることで肯定脳になる。肯定的なものに選択的注意を向けていけばインプットが変わりアウトプットも変わる。

5 前を向いていく姿勢（学習性楽観主義）で、よい状態を自分で選んで学びを繰り返す。そんな存在であれば、人との関係性を満たしていくことができる。

第2章

事業変革 イノベーションのリアリティ

株式会社 マクニカ 代表取締役社長

原 一将（はら・かずまさ）

1971年兵庫県生まれ。甲南大学理学部物理学科卒業後、金融機関勤務を経て95年㈱マクニカ入社。テクスターカンパニー第1営業統括部長、テクスターカンパニープレジデント、イノベーション戦略事業本部長などを歴任し、2019年代表取締役社長に就任。「豊かな未来社会の実現に向けて、世界中の技と知を繋ぎ新たな価値を創り続ける」という2030年に向けたビジョンを掲げ、サービス・ソリューションカンパニー実現に向けてグループを牽引している。

年商1兆円の「技術を売る商社」

「企業の事業変革」をテーマに、イノベーションのリアリティについて、私がこれまで考え、実践してきた当社マクニカの未来に向けた変革についてお話しします。

マクニカは創立52年、横浜に本社を置く生粋の日本の会社ですが、BtoBビジネスが主であるため一般にはあまり知られていません。半導体、ネットワーク、サイバーセキュリティの製品など、先端技術を取り扱う商社です。半導体の取り扱いは国内1位でシェア22%、世界では5番目のポジションで、世界23カ国80拠点にネットワークを持っています（2024年4月時点）。50周年を迎えた2022年に売上1兆円の大台を突破しました。社員の3人に1人がエンジニアという技術を売る商社です。

半導体は、電気が流れるあらゆるものに使われています。中でも皆さんが使っているスマホやパソコンが大きな割合を占めています。スマホは過去10年間に世界で130億台出荷され、スマホ1台の中には1000個もの半導体が入っています。もちろん、半導体はスマホ以外にもあらゆる電化製品に入っていて市場規模は約60兆円。10年でおよそ2倍ずつ増えており、

2030年は100兆円市場になると予想されています。

半導体はまさに「産業の米」で、半導体が出荷できなくなるといろいろなものがつくれなくなりますから、国際的にも非常に重要な戦略物資です。そのような半導体を世界中から仕入れて、そこに必要な技術、付加価値をつけてあらゆるエレクトロニクス市場に提供する役割を担っているのがマクニカです。

1972年の創業当初は、電子部品を中心に取り扱うエレクトロニクス専門商社でした。半導体は80年代に入ってから世に出てくるのですが、当時、世界の半導体産業を席巻していたのは日本のメーカーでした。NEC、日立、富士通、三菱、東芝などが世界のシェアを独占し、マクニカは小さな独立系商社だったため、これらの日本の半導体を取り扱うことはできませんでした。日本のメーカーは系列の販売子会社を持っていたので参入の余地がなかったのです。

そこで仕方なく海を渡って、のちにシリコンバレーと言われるアメリカ西海岸周辺で、当時はまだ無名のベンチャー企業と契約して半導体を扱い始めました。その後、世界の最先端のテクノロジーをどこよりも早く見つけ育てて市場に投入することを強みに、現在のインテル、ブロードコム、TI、ADI、NVIDIAなど、多くのシリコンバレーの半導体ベンチャー企業を日本市場に参入させて、彼らとともに成長していきました。

先端技術を使うにはサポートが必要ですから、当社は市場要求に応えるべくデマンドクリエーション（需要創出）や技術サポートに対応して、エンジニアを社員全体の30％にまで拡大し、「技術商社」と称し、そのポジションを確立していきました。シェアを高め、国内ナンバー1を確立し、サイバーセキュリティ、ネットワーク製品など取り扱いを広げて、新たにネットワーク事業を立ち上げて、ソリューション・プロバイダー（システムの構築や運営を通じてユーザーの問題の解決を図る業者）へと進化していきました。その段階で売上5000億円を達成し、2019年から私が会社のトップのバトンを引き継いで経営体制を刷新し、売上1兆円を突破して次のステージに向けて成長を加速させています。

具体的には、AIやIoT、センシングテクノロジー（センサーを利用した技術）、さらにデータを利活用した自動運転、スマートシティ、製造業DX、ヘルスケア、サーキュラーエコノミー（循環型経済）などのサービスとソリューションの創出に向けた取り組みに挑戦しています。

予測ができないVUCAの時代

皆さんが生きている現代は、どんな時代だと思いますか？「人生100年時代」「ポストコロナ時代」「風の時代」などいろいろな言い方がありますが、共通しているのは、これまでにない大きな変革期に突入しているということです。

私がこの10年、社内で言い続けてきた新時代を表す3つのキーワードを紹介しながら話を進めましょう。

1つ目のキーワードはVUCA（ブーカ）です。Volatility（変動性）、Uncertainty（不確実性）、Complexity（複雑性）、Ambiguity（曖昧性）の頭文字を取ってVUCAです。変化が激しく、予測不能で複雑で曖昧で不確実で不安定な、先行きが見えない時代の意味で「VUCAの時代」という表現が使われます。その背景には、次のような社会課題や環境問題があります。

これから世界の人口はどんどん増え、一方で先進国が高齢化していきます。そして温暖化が進んでいって資源不足の問題が起きる。さまざまな社会問題が噴出して、今までの常識では考えられないような大きな社会変化が起こると言われています。新型コロナで体験したようなパンデミックも、温暖化によってシベリアの永久凍土が融けて地球上に新たなウイルスが解き放たれることによって再び起こる可能性もあります。

何が起こるかわからない、正解のない時代です。

私はビジネスにおいてこの変化はチャンスだと常々考えてきました。VUCAの時代にはチャンスがゴロゴロ転がっている。答えのない時代は、逆に考えると、やった者勝ち、言った者勝ちの時代です。やらないのがもったいない時代です。

だから、私は社内で「早い者勝ちだから、やりたい人はどんどん手を挙げてください」「やってみて失敗して、それを学びに変えてください」と言っています。やればやるほど早くチャンスが見つかり、それが競争力に変わります。

私は残念ながらこの面白い時代を50代で過ごさなければならないため、その意味ではアンラッキーです。若い世代はこの特権を活かすも活かさないも自分次第。若者にぜひこの特権を使い倒してほしいのです。

テクノロジーは指数関数的に変化していく

2つ目のキーワードはExponential。「エクスポネンシャル・テクノロジー」という表現をよく聞きます。Exponential（指数関数的）に変化・進化をもたらすテクノロジーという意味です。

これまでのテクノロジーの進化はリニア（直線的）な変化だったため、次はこうなるだろうと予測でききました。しかし最近生まれているテクノロジーは、指数関数的に変化していくエクスポネンシャル・テクノロジーです。その大きな理由の1つはAIの出現です。

エクスポネンシャル・テクノロジーは急に変化ポイントが来るため、先が予想しづらい。気がつけば破壊的なイノベーションが起こっている。まさに生成AIによって、人類は初めて本当の意味でのエクスポネンシャル・テクノロジーを体感したのではないかと思います。チャットGPT-2が出たときは、チャットボットのおもちゃかなと皆さん思ったでしょう。私もそう思いました。3になると「おっ、使えるじゃん」という感じ。4が出たらみんな泣きそうになってしまった。そういう変化です。

チャットGPT-4によって、皆さんは人間の働き方の根本を変えてしまうほどのテクノロジーの進化を目の当たりにしました。これがエクスポネンシャル・テクノロジーです。

豊臣秀吉の部下に曽呂利新左衛門という人がいました。この人がよく頑張ったため、その功績に褒美を与えようとしたときの話です。秀吉が「褒美は何がいい?」と聞くと「米粒でいいです」と言います。「どれくらいほしいんだ?」と秀吉が聞くと、「1日1粒でいいです。明日は2粒でいいです。前の日の2倍の米を50日間ください」と言います。秀吉は「それでいいのか。わかった」と了承します。

秀吉はこのときにリニアの直線的な発想だったため、「1日目1粒、2日目2粒、3日目4粒、いいよいいよ、50日あげるよ」とOKしたのですが、この50日目の米は何粒くらいだと思いますか？

５００兆粒です。５００兆粒は日本の米の収穫量の3年分です。では80日だとどれくらいになると思いますか？　80日で世界の収穫量の４００万年分になるのです。これがエクスポネンシャル・テクノロジーです。二乗二乗でどんどんいくと、こんなことになる。

テクノロジーが指数関数的に成長していくことをしっかり理解しておかなければ、ついていけなくなります。ＶＵＣＡの時代をつくっている1つの要因が、このエクスポネンシャル・テクノロジーの出現です。

ちなみに、**図表1**に挙げた技術が２０２４年時点でのエクスポネンシャル・テクノロジーですが、マクニカもすでに多くのことを手がけています。

ＡＩの発展によって人工知能の知性が全人類の知性を凌駕するポイントをシンギュラリティ・ポイントといいます。そのとき、われわれ人類はテクノロジーの進化を理解することができなくなります。テクノロジーがどのようにその答えを出しているのかがわからなくなり、取り扱いがどんどん難しくなってくるシンギュラリティ・ポイントが、今近づいてきています。

図表1　エクスポネンシャル・テクノロジー

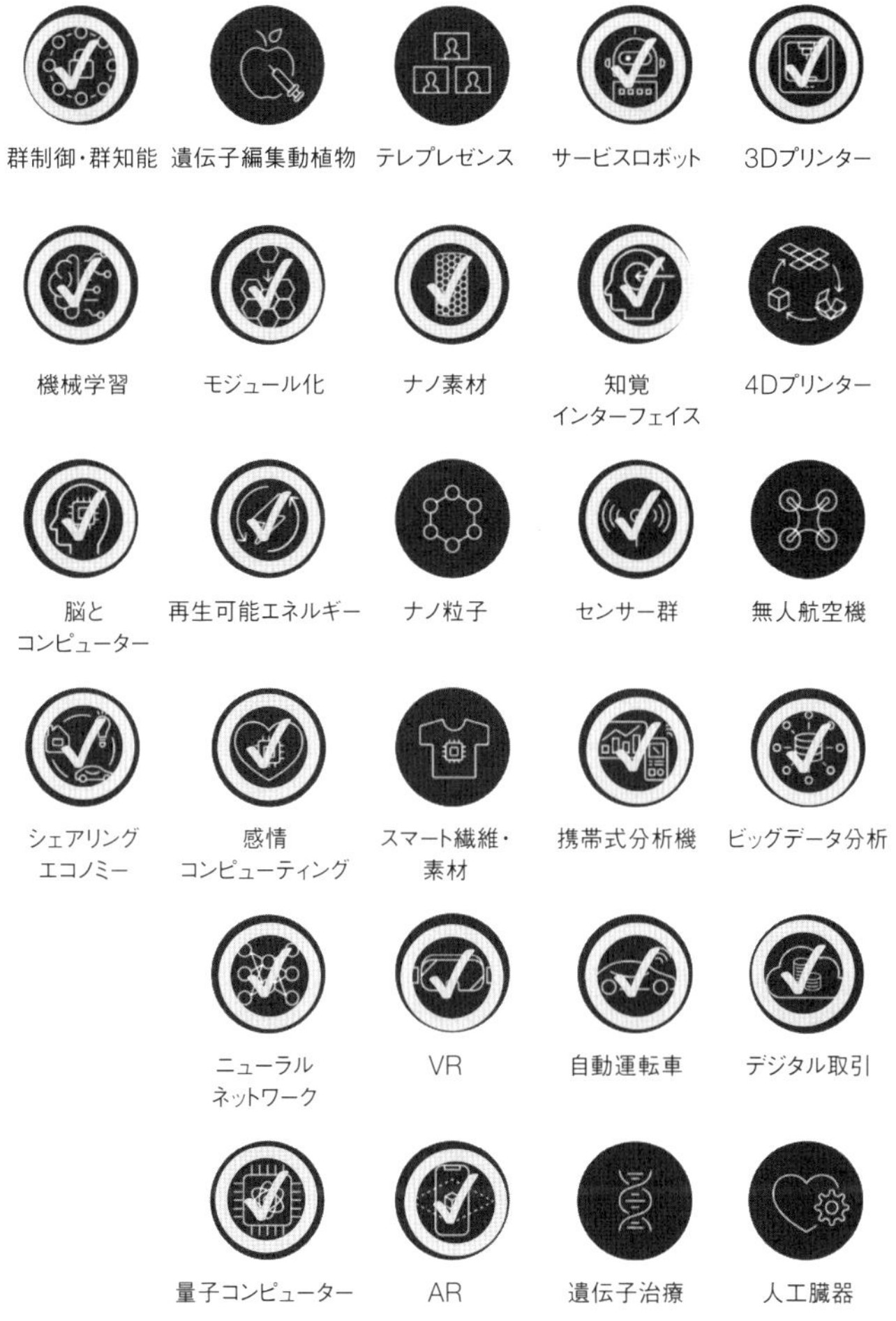

※ ✓ はすでにマクニカが手がけている分野

環境変化に素早く対応した種のみが生き残る

最後のキーワードは「ダイナミック・ケイパビリティ」です。

企業が変化の大きな時代を生き抜いていくには、環境変化にしっかり対応して自ら変化することが求められます。環境変化に対応できる能力をダイナミック・ケイパビリティと呼びます。ダーウィンの進化論では、巨大なもの強いものが生き残るのではなくて、環境変化に柔軟に、しかも素早く対応した種のみが生き残るとされていますが、まさにそれです。

7年ほど前、私は全社で「Cambrian Explosion」を発表しました。カンブリアン・エクスプロージョンとは「カンブリア大爆発」のことです。約38億年前に生命が誕生し、約6億年前のカンブリア紀に突然生物の多様な進化が始まった出来事を指します。原因は三葉虫の誕生でした。三葉虫は目を持つ最初の生物で、目の出現が生物界最大の革命を引き起こしたのです。

三葉虫は目を備え、それが脳につながることで視覚を獲得し、視覚を持つことで他の生物の存在を認識できるようになりました。しかし、この段階では認識しただけで、他の生物を捕獲する能力はありません。見えるけど捕まえることができない、食べたいけど食べられないという悶々とした日々を過ごしていた三葉虫は学習を繰り返し行います。

なんとか捕獲して食べたいと、機能を急激に進化させた結果、複数の進化型三葉虫が生まれました。機動力が高いもの、浮揚力があるもの、捕獲のための棘や硬い顎を持ったもの、多様な三葉虫が爆発的に誕生しました。カンブリア大爆発です。

生命が誕生してから30億年以上何も起こらなかったのに、突然大きな進化がわずか５００万年の短期間で起こった。生物の進化、多様化、そして知性化に非常に大きな影響をもたらした出来事でした。このカンブリア大爆発は、今のＡＩやＩｏＴのセンシングを活用したデジタル変革の流れと同じです。

三葉虫が目を持ち、目が脳とつながって、認識機能である視覚を獲得して、捕食欲求による学習を繰り返しながら脳がどんどん進化して、その結果、進化型三葉虫を誕生させた。このプロセスは、ＩｏＴのセンシング技術で見える化をして、デジタル化で認識をし、ＡＩによるディープラーニングによって学習を繰り返して知見を高めていくことで、工場、自動車、ロボットがインテリジェンス化されていく、デジタル産業革命の流れとまったく同じなのです。

私たちは今まさにカンブリア紀と同様に、デジタル産業革命の大爆発の真只中にいるのです。

ただ、三葉虫もその隆盛を極めた時代は長くはなく、カンブリア紀の覇者はアノマロカリスという節足動物でした。私は、「われわれマクニカは、デジタル産業革命のアノマロカリスとなるべく大爆発していきますので、皆さん頑張っていきましょう」というプレゼンテーションを7年前にしました。

ここまでの話をまとめると、VUCAの不透明な時代に、エクスポネンシャル・テクノロジーという指数関数的に爆発する技術革新が今までにない変化を起こす。そのときに、その予測不可能な環境変化に対応して、三葉虫のようにダイナミック・ケイパビリティを持って自分を変化させて生き延びていく必要があるということでした。

こうした環境変化の激しい時代に、その先の時代の流れ、潮目をどう読み取って、会社をどこに向かわせるべきなのか、何をしていけばいいのか、私が考えたことを少しお話しします。

「モノ」から「コト」へ事業領域を拡大

私が採用したアプローチは2つの考え方です。

1つは、現在の条件から積み上げていく「フォアキャスティング」の考え方。現在の課題をとらえてしっかり改善していきます。もう1つは、未来のあるべき姿から考える「バックキャスティング」です。

不確実な時代にはバックキャストで考えるイノベーターが多いと思います。一番有名なのはイーロン・マスクでしょう。人類を惑星間移動できるようにするのが彼の一番の目的で、そのために今ロケット事業やＥＶ事業に取り組んでいます。

私はこのバックキャスティングの考え方でマクニカの未来像、ビジョンを設定したうえで、そこにフォアキャスティングの課題改善という活動をミックスしながらやっていくという手法を実践しています。

先述したように、マクニカは技術商社としてモノを扱ってきました。半導体、ネットワーク、サイバーセキュリティなど、ハードウエアやソフトウエアを売ってきました。そのモノ売りのビジネスモデルから、次はサービスやソリューションなど「コト」を売ろうと考えました。

２０３０年に向けたビジョン「Ｖｉｓｉｏｎ２０３０」を設定し、これまでのコアビジネスで培ってきたサイバー、ＩＴ、フィジカル、ＩｏＴの技術、そして知見、インテリジェンスを融合させて、ＣＰＳ（サイバー・フィジカル・システム）の分野で、モノ売りにとらわれないサービス・ソリューションという新たな領域に事業を拡大、発展させていこうと考えました。

では、どうやってサービスやソリューションモデルをつくっていくべきなのか。それが「価値

図表2　サービス・ソリューション事業への変革プロセス

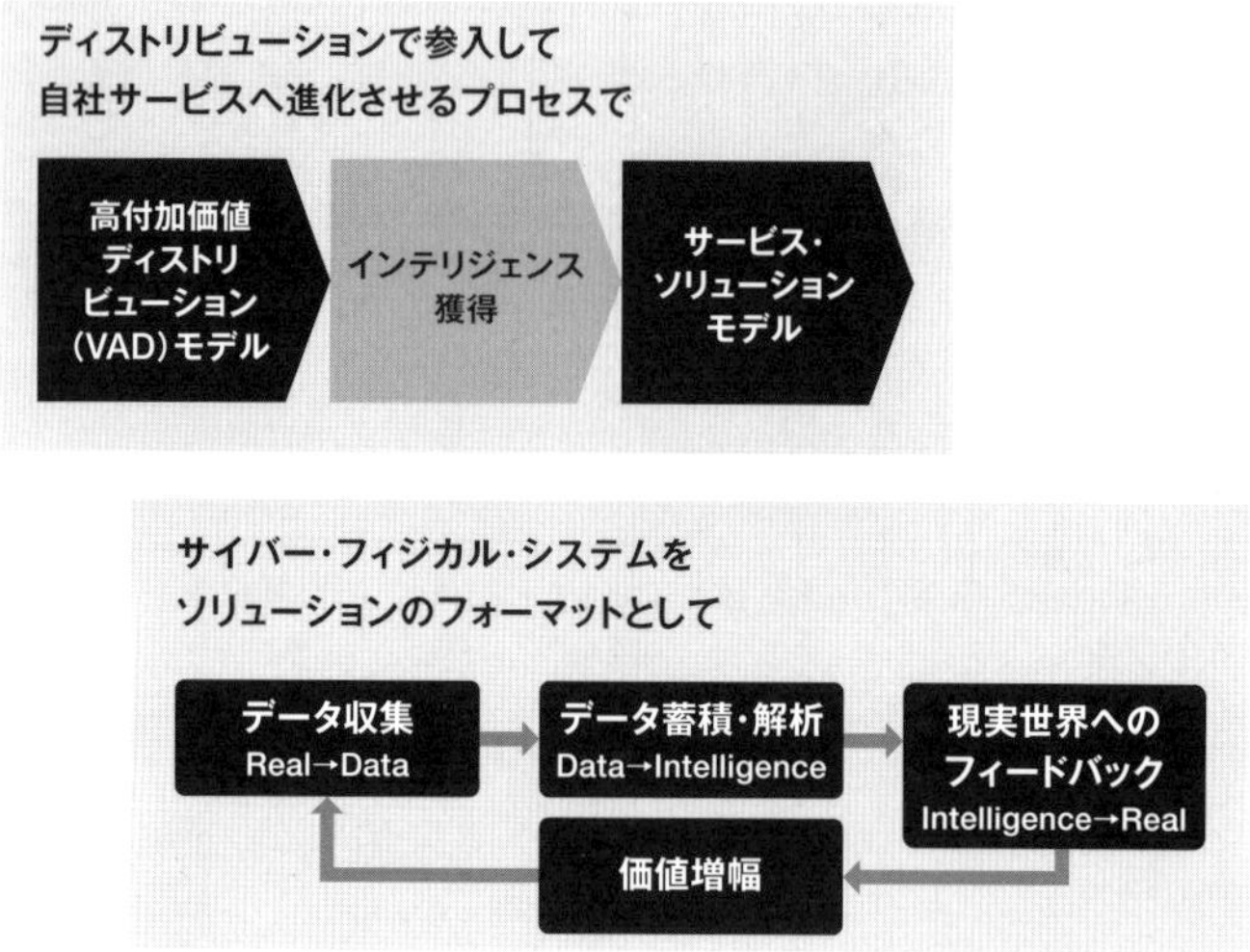

創造プロセス」です（**図表2**）。

未来に描いた大きな変革に向けて、今あるビジネスの強み、つまり技術商社としての高付加価値のディストリビューションのモデルから入り、いろいろな外部の技と知能をつなぎ合わせ、それを探索しながらエコシステム（企業同士が協業・連携することで共存していく仕組み）をつくっていき、自社のオリジナルサービスモデルに展開します。その中でデータセットを収集サイクルでどんどん回していく。データの価値を増幅させながらいろいろな市場、現場でサービスやソリューションに変えていくというモデルです。

メーカーはたくさんのお金と時間をかけて素晴らしい製品やサービスを生み出します

が、刻々と変化する市場環境においては、あとから市場要求が変わってしまった際に、せっかくここまでお金と時間と人をつぎ込んだその製品をそのまま売らなければならないというジレンマが起こってしまいます。それに対して、われわれ商社のビジネスモデルは、市場が要求する製品をスピーディーに世界中から持ってきて実装し、駄目だったらすぐに変更する。このスピード感とフレキシビリティを武器にしてビジネスができます。

この特性を活かしながら、スピーディーにサービス・ソリューションをつくっていきます。これが、現事業の成長と未来に向けた新事業創出を両利きで取り組んできた私が描くビジョンです。

マクニカは、社内で「ひまわり経営」と呼ぶとおり、つねに陽の当たる分野、市場を向いて事業を変革してきました。私たちは変化に強いDNAを持っています。その背景にあるのは「人」「スピード」「ネットワーク」です。

マクニカは、「すべては人に始まり人に終わる」という考え方を大事にして、社員一人ひとりが「全員、プロフェッショナル」として企業経営や事業に参画する、強くて元気な会社という企業文化をつくり上げてきました。

そして、最先端のテクノロジー、知恵、インテリジェンスを素早く取り入れ、それを実装して本物かどうかを現場で確かめる。このプロセスを高速でぐるぐると回すことができる「スピード」がマクニカの競争力の源泉です。

世に出る前の一次情報やインテリジェンスを技術実装し、結果を出すことで実績を重ね、その中で信頼関係を築き、それが「ヒューマンネットワーク」として次のインテリジェンスにつながっていきます。お客様の未来のビジョンに向けて、解像度の高いソリューションやシステム、サービスを実装することで、信頼を勝ち取って伴走し続ける真の共創パートナーを目指しています。

サービス・ソリューションへのチャレンジ

ここからは具体的に、マクニカがチャレンジしているいろいろなサービス・ソリューションを紹介します。

まずは「自動運転のＥＶバス」です。マクニカの自動運転ＥＶバスが、北は北海道から南は沖縄の石垣島まで、30から40の市町村で走っています。

このバスにはハンドルもブレーキもアクセルもなく、すべてテクノロジーで認識して走ります。車内はベンチで向かい合って座る部屋のような空間で、目的地に応じた「移動×ＤＸ」を実現できるのが魅力です。

たとえば、病院に行く患者が移動中の車内でバイタルサインの測定やデジタル問診を受けることで、移動時間を有効活用し、病院の生産性向上を図ることができます。患者が座席に座るだけで、心電図、脈拍、酸素濃度、心拍などのバイタルデータを自動で取り、それを電子カルテにして医師に送るのです。病院に到着すると、自分のバイタルデータがすべて医師に渡っているため、待ち時間なしですぐに診療を受けられる。こうして医療サービスの向上が図られます。

移動には目的地があります。そこに向かう間に、目的に応じたDXを車内で行うのです。移動時間を価値に変えるという考え方で、自動運転で交通問題を解消するだけではなく、移動×DXで実現するモビリティ・ソリューションを目指しています。

次は「わさびコンテナの植物工場」。マクニカの本社の横に完全制御型のコンテナ植物工場を置いて、「真妻《まづま》わさび」という高級わさびを栽培しています。AIやIoTセンシングといったマクニカのテクノロジーを実装し、生育状況をAIで解析しながら改良していくプロジェクトです。自然界では真妻わさびの生育には2年かかりますが、コンテナの中で11カ月まで短縮できました。6カ月を目指し、最近はクラシック音楽をかけ、生育への影響を見る実験もしています。

「ブレインテック」の研究も進めています。ブレインテックとは、脳の反応を読み取って感情や判断をAIが解析する技術です。マクニカはこれを社会課題の解決に活かします。その1つが熟練技能者の技術の継承。経験や勘など、暗黙知と呼ばれる、言葉では説明できない職人の技を解析して、ノウハウを共有できるようにします。

職人の暗黙知をＡＩで解析して、それをアルゴリズムにすることで、ロボットが匠の技能者と同じような技能を継承できるようになれば、さまざまなシーンで活用できる可能性が広がります。広島大学とともに、脳波を使って、うつ病になる前に診断することができないか、研究も進めています。

人にストレスが加わるときには、脳がその反応を予測して処理しています。それを脳科学的にＭＲＩや脳波などを使いながら可視化するのです。それによって自分がどの程度うつ病に近づいているかがわかります。データとＡＩを組み合わせることで、新しい方向性を目指しています。

メディアアーティストの落合陽一さんと一緒に「バーチャルヒューマン」のプロジェクトも進めています。落合陽一さんが過去に発した言葉やニュースなどのあらゆる情報を生成ＡＩに取り込んで、バーチャルボディ（ミラードボディ®）をつくりました。質問に対して、過去のデータに基づいてしっかり回答してくれます。これは大阪・関西万博にて発表される予定です。

私のミラードボディ®も今つくっています。たとえば、社員は私にプレゼンする前に、私のミラードボディ®にプレゼンをして、そこで対策と傾向を立てて、その上で今度はリアルの私にプレゼンする。そんな使い方ができます。歴史上の人物のバーチャルヒューマンをつくり、経営会議に参加させることもできるようになるでしょう。

地方都市にこそイノベーションが必要

マクニカではいろいろな自治体と連携協定を結んで、地域固有の難しい課題に取り組んでいます。うまくいかなければ、またほかのテクノロジーを持ってきて、できるまで繰り返す。こうして信頼関係を獲得しながら進めるのがマクニカ流です。

そのわかりやすい例が青森の慈恵会グループと取り組んでいるソリューションです。介護施設のデジタルツイン（現実空間の物体・状況を仮想空間上に「双子」のように再現したもの）を使います。これまでは介護施設の入居者の入浴は、介護士の時間的負担の大きさが課題でした。そこで、製造工場をつくるときに使うシミュレーションシステムを活用して、介護士と一緒にDXに取り組み、入浴順序の最適化を図りました。その結果、業務時間を月に200時間短縮し、介護士が入居者と向き合う時間を生むことができました。これは、他の地域にも展開できるソリューションになると期待しています。

北海道でもいろいろなところで活動しています。当別町と岩見沢市では雪上でＥＶバスの実証を行っていますし、道の駅とうべつでは、車のナンバーをセンサーで読み取り、どこからのお客さんが多いかという解析をマーケティングに活かす試みを始めました。また、雪の堆積場をデジタル化して、雪がどれくらい積まれているかをリアルタイムに見える化し、雪を乗せたトラックが効率的に堆積場へ行けるようにするソリューションも検討しています。

北海道には独自課題が多く、われわれはそれを実証実験の宝庫だととらえ、さまざまな企業、自治体と連携していきたいと考えています。

いろいろな事例を紹介しましたが、こうした取り組みは、強い思い、高い志、それに対する共感があって初めて成り立ちます。

とくにＶＵＣＡの時代では課題の解決は容易ではないため、誰もが自分（マイストーリー）のためだけではなく、相手（ユアストーリー）のため、そして社会全体（アワーストーリー）のためにどんな貢献ができるか、高い視座で志を持ち、つながっていく必要があります。それを私は「共創共感エコシステム」と勝手に名付けています。

強い思いと志で共感し合い、つながって核となり、重力や磁力のような力によってたくさんのプロフェッショナルを引き寄せ、強い絆でより大きなエコシステムを構築し、新しい価値を生んでイノベーションを起こしていきます。ＶＵＣＡの時代は、こうした共感共創エコシステムこそが社会を変革する本物のイノベーション生み出します。

社会課題の多い日本で、とくに地方都市にこそイノベーションが必要で、そこで必然的に新しい価値が生まれて、それが世界を変えていくと私は本気で思っています。その中で、マクニカは先端テクノロジーの社会実装を担い、共感共創エコシステムの仲介役となり、必要不可欠な存在として社会に寄り添いながら共創活動に邁進したいと考えています。

第2章

講義のポイント

1 先行きが見えないこの時代には、数多くのビジネスチャンスがある。

2 指数関数的に爆発する技術革新(エクスポネンシャル・テクノロジー)が、今までにない変化を起こす時代になっている。

3 変化の大きな時代を生き抜くには、環境変化に対応できる能力(ダイナミック・ケイパビリティ)が必要。環境変化に柔軟に、しかも素早く対応した種のみが生き残る。

4 VUCAの時代には、自分（マイストーリー）だけではなく、相手（ユアストーリー）、そして社会全体（アワーストーリー）のためにどんな貢献ができるか、高い視座で志を持ち、つながっていく必要がある。

5 社会課題の多い日本では、地方都市にこそイノベーションが必要。そこで必然的に生まれる新しい価値が世界を変えていく。

第3章

選択できる未来をつくる

パナソニック ホールディングス株式会社 執行役員
Panasonic Well本部長、Yohana株式会社 創業者 CEO
松岡陽子（まつおか・ようこ）

1972年東京都生まれ。16歳で渡米後、カリフォルニア大学バークレー校などで学んだのち、カーネギーメロン大学などで教鞭をとる。マッカーサーフェロー賞の受賞賞金を元手にヨーキーワークス財団を設立。2009年末、グーグルXを共同設立。アップル副社長、グーグル副社長などを歴任。19年パナソニック ホールディングス㈱に入社。20年Yohana㈱設立。著書に『選択できる未来をつくる』（東洋経済新報社）がある。

テニス留学から研究者の道へ

――松岡陽子さんは現在、ロボット工学やＡＩの専門家として活躍されていますが、経歴を簡単にご紹介すると、ＵＣバークレー（カリフォルニア大学バークレー校）、ＭＩＴ（マサチューセッツ工科大学）、ハーバード大学で研究を行い、グーグルやアップルなどで仕事をし、今はパナソニックグループでＹｏｈａｎａという新規サービスを手がけています。家庭人としてはご主人とともに４人の子どもを育てている真最中です。そんな松岡さんに「選択できる未来をつくる」というテーマで、５つのキーワードに沿ってお話を伺います。５つとは、研究者、企業、ミッションドリブン、ＡＩロボット、家庭・教育です。

まず研究者として、ＵＣバークレーではどんなことをされていたのですか。

松岡　私は16歳のときにプロテニス選手を目指して渡米し、ＵＣバークレーにテニスのスカラーシップで進学しました。当時、バークレーはアメリカの大学で４番目にテニスが強く、今でもトップ５に入っていると思いますが、そこにテニスをするために入ったのです。

しかし３年生になる頃に怪我をして、周囲から「プロになっても世界のトップになるのは難し

聞き手：**長谷川秀樹**（はせがわ・ひでき）

ロケスタ㈱代表取締役社長、（生協）コープさっぽろCIO、ブックオフグループホールディングス㈱社外取締役。アクセンチュア㈱に入社後、小売業の業務改革、マーケティング支援などに従事。㈱東急ハンズ執行役員、ハンズラボ㈱代表取締役社長、㈱メルカリ CIOなどを歴任。

いだろう」と言われて迷い始めました。文系科目は苦手でしたが、数学や物理が好きだったので、「ロボットをつくるのも面白いな。一緒にテニスができるロボットがつくれたらいいな」と考えたのです。ロボットの研究をしている教授に相談すると、研究室に入れてくれました。そこからロボットづくりに熱中し、さらにＭＩＴの大学院で研究に取り組みました。

当時は、ホンダやヤマハがＡＳＩＭＯなどリモートコントロールで歩くロボットをつくっていて、ハリウッドでもロボット系の映画がたくさん制作されている時代でした。

――ＭＩＴでロボットを研究しながら、並行してハーバード大学の医学部で神経学を学び、ＭＩＴのビジネススクールで勉強をされたのはなぜしょうか。

松岡　その前に1つお話しすると、私はアメリカに行ったときに、アメリカで人気のある女性になるには何をしたらいいのかと考えて、あえて馬鹿のふりをするのが一番いいと思ったのです。それで、しばらく高校でも大学でも、勉強ができても人に言わないようにして暮らしました。

23歳くらいまでそうしていると、ＭＩＴ時代に教授から怒られてしまいました。「そんなことをしていると将来がなくなるよ。みんなにバレてるよ」と言われ、「えっ、バレてるの？　恥ずかしい」と思って、次の日からやめました。それからは本来の好奇心の強い自分を見せることができるようになり、急に神経学や医学などいろいろなことに興味が湧いて、もっと勉強したいと思うようになったのです。

「いずれは会社を始めることもできるかもしれない」と思って、ＭＩＴで学びながらハーバード大学でビジネスクラスを受講しました。メディカルスクールとビジネススクールで1年半ぐらい学びました。

――その一方で、バレット社というロボットのアームを制作する会社で正社員として働いていたわけですね。

松岡　その頃はベリークレージー（very crazy）でしたね。何でもやりたくなって睡眠時間を削って取り組みました。バレットは、自動車組み立てロボットの腕や手をつくる会社で、教授から「こんな経験もいいのではないか」と勧められて入社しました。学生としてビジネスクラスを取りながら会社勤めをして、仲良しのボーイフレンドも3人いるというような暮らしでした。

プレゼンは「演技をしているつもりで」

――その後、ハーバード大学の工学応用科学部に研究員として入って、プレゼンテーションの力を磨いたとのことですが、どんな経緯があったのでしょうか。

松岡　私は人前で話をするのがすごく苦手で自信もなかったのですが、教授の仕事をするには、人前で発表しなくてはいけません。初めて講義を行ったあと、ハーバード大の教授から「下手だね」と言われ、その教授にお願いして怒られながら鍛えていきました。そうして少しずつ自信がついていき、教授になってからは毎日教える中で人前に出ることに慣れました。ハーバードで修業して人生が変わったと思っています。

――プレゼンのときのジェスチャーや効果的な言い回しなど、ポイントはありますか。

松岡　私は人前に出るとき、「今日はどういう印象を持ってもらいたいか」を3つの言葉に絞って考えます。たとえば、「頭がいい」「説明するのが上手」「正直に何でも言う人」などです。そういう3つの要素を決めてからディテールを考え、最後に結論を入れる。これを心がけるようになってから、うまくできるようになりました。

もともと私はシャイで、人前に出ずに1日中パジャマを着てテレビを見ていられればうれしいというタイプなのですが、人前で話さなくてはならない人生になったときに学んだのは、「演技をしているつもりでいい」ということでした。

演技をするときに一番大切なことは衣装を着ることです。本当の衣装ではなく、宇宙飛行士のボディスーツを着ているつもりになります。中に入っているのは自分だけど、外から見えるのは宇宙服です。中はちょっと疲れていても宇宙服を着た外側は「Hi, Everybody!」となりきれる。この考え方は便利です。

――日本語で言うと「よし、今日はこういうキャラでやってやるぜ」という感じですね。

「人を助けたい」情熱をモチベーションに

――その後、カーネギーメロン大学の准教授になって、ニューロボティクス・ラボを始める。そこからワシントン大学時代にマッカーサーフェローを受賞します。これはノーベル賞みたいなものですね。ノーベル賞は過去の実績の評価ですが、マッカーサー賞は「将来すごいことをするのではないか」という人に贈られる。どんな研究で受賞したのですか。

松岡　カーネギーメロン大学やワシントン大学では、身体の不自由な人が脳のシグナルで身体をコントロールできるロボットをつくっていました。交通事故などで腕を失った人にロボットの腕を装着してもらい、脳の電子シグナルをＡＩにかけて、ロボットの指を動かす。そんな研究をしていました。

――研究のモチベーションはどこにあったのでしょうか。

松岡　パッション（情熱）です。私は好きなものにのめり込むたちで、初めはテニスにのめり込んで、楽しいし勝ちたいので、そのためなら何でもやった。その後、ロボット関係なら何でも頑張るというふうになりました。

身体の不自由な人たちが毎日の生活で苦労しているのに、私はそんな苦労をしていない。テクノロジストになっていろいろなものをつくれるようになったので、その能力を使って助けたい。それがパッションになりました。朝起きたときにいくら疲れていても風邪気味でも、「今日行かなきゃ研究が遅れてしまう」「今日行けば人を助けられる」という思いがパッションになって研究を続けました。

――テニスロボットをつくることから、人を助けるというミッションに変わったきっかけは？

松岡　初めは一緒にテニスができるロボットをつくろうと思っていましたが、当時のエンジニアリングのＡＩはそれほど優れていなかった。テクノロジーの一番進んだＭＩＴでもテニスをするロボットができず、先生からは「これが今のテクノロジーの限界なのだ。ＡＩを進化させたいのなら人間の脳を勉強しなさい」と言われました。そこで、ハーバード大で神経の勉強をしたときに身体の不自由な人たちのさまざまなケースを知り、「こんなに困っている人たちがいるのに、私は自分だけのロボットをつくろうとしていた。自分勝手だった」と急に目覚めたのです。

そういう人たちのために使えるテクノロジーが自分には身についているかもしれないと思い、そこでちょっと変わりました。

――マッカーサーフェローを受賞したのちヨーキーワークスという財団をつくられましたが、どういった思いで立ち上げたのですか。

松岡　一般に研究者や教授に対する評価は、どれくらい論文を書いたか、教えた学生たちが教授になったかなどにバリューが置かれます。でも、私は人を助けるために研究者になったはずです。大変な思いをしている人たちに役立つものをつくる方法はないかと思ったときに、マッカーサーフェローで賞金を得たので、それを使って財団をつくりました。

賞をとると世界中からメールが来ます。「私の息子は交通事故にあって腰から下が動かなくなったのですが、水泳ができるロボットをつくってくれませんか」といったメールが毎週届くので、その中からテーマを選んでロボット製作などに取り組み始めました。

「点」がつながって今に役に立つ

――MIT時代にビジネススクールでプレゼンを学んだり、医学部で神経について研究したり、本来のロボット工学とは関連性の薄いマルチな知識を習得していきましたが、それはその後の人生にどのように生かされたのでしょうか。

松岡　アップルのスティーブ・ジョブズがスタンフォード大学の卒業セレモニーに招待されたとき、卒業生たちに「自分はこうなることを目指していなかったが、自分の人生を振り返るといろいろな点があって、それが全部つながって今になっている」というお話をしました。コネクティング・ドットです。私の人生も本当にそうだなと思っていて、今、ビジネススクールで学んだネゴシエーションスキルが生きるなど、いろいろな「点」がつながって、すべてが役に立っています。パッションを追いかけていれば無駄はありません。

──　なぜ、研究生活からグーグルなどの民間企業に移ったのでしょうか。

松岡　論文を書いたり学生に教えたりしながら、身体の不自由な人たちのために何かつくれないかと思っていました。そんなときにグーグルから声がかかりました。「グーグルXというイノベーション・ラボで新しいハードウエアをつくるので、ファウンダーとして入ってくれませんか」と言われ、これは自分が助けたいと思っている人たちに近づける絶好の機会ではないかと感じて、思い切ってシリコンバレーに引っ越しました。

じつはグーグルには3回入って3回辞めています。1回目にグーグルXに入ったときに始めたプロジェクトは、autonomous driving car（自動運転車）のウェイモ（Waymo）です。次のプロジェクトはグーグルグラス（Google Glass）という有名な大失敗。ＡＲ（拡張現実）とＶＲ（仮想現実）の機能をとり入れた眼鏡です。その後、ＡＲとＶＲの世界は進んでいますが、その卵をつくりました。

グーグルＸは素晴らしい会社ですが、私が助けたいと思っていた人たちには近づけなかった。そんなとき、カーネギーメロン大学で教えていた学生とばったり会い、「私が今つくっている会社に入ってくれませんか」と誘われてネスト（Nest）に参画しました。

そこでつくったのはＩｏＴ化されたサーモスタット、家の中の温度を調節するものです。その頃はＩｏＴといっても電気をつけたり消したりするくらいで、本当のＩｏＴ化はネストが成功させました。私にとってはコンシューマープロダクツ（一般消費者が使う製品）をつくる経験になりました。ネスト創業者の1人であるトニー（・ファデル）さんはiPodとiPhoneをつくった有名な方で、彼から「そのやり方は間違っている。研究とはまったく違うんだ。もっとお客様の気持ちを理解しなさい」などと怒鳴られながら開発を進めたのですが、それがまた人生の転機になりました。そこから自分でプロダクトがつくれるようになったのです。ネストではとてもいい経験ができました。

ネストがグーグルに買収されてもう一度グーグルに入ることになったわけですが、その後、ウェアラブルで健康状態がわかる製品をつくる会社のCEOになり、その会社がアップルに買収されました。じつはアップルは2回目で、大学のときにインターンで働いていました。2回目は、健康関係のプロダクトすべてを担当させていただいた。「アップルウォッチに健康に関連する機能を入れたい。何をしたらいいか考えてくれないか」と言われて入りました。

――グーグルとアップルは、会社としてどんな違いがありますか。

松岡　グーグルとアップルのカルチャーは正反対です。

グーグルは、社長や幹部によるトップダウンで仕事を進める会社ではなく、下から育ってくるイノベーションがどんどんプロダクトになっていきます。若くてやりたいことがある人たちにとっては本当に楽しい会社だと思います。

グーグルのプロダクトを見ているとわかりますが、相互に関連性のないものがたくさん出てきます。それは、ボトムアップでみんながつくっているからです。「Gメール」が出たときには、Gメールのグループが3つあって、それぞれがプロダクトを売り出しました。あとで幹部が「あなたたち何をしているの?」と言うぐらい、次々といろいろなプロダクトを生み出す会社です。Gメールは結局1つになりましたが。

アップルはその反対で、スティーブ・ジョブズが部下を動かして1つの素敵なものをつくる会社でした。数多くは出てこないけれど、本当に素晴らしいものが1つ出てくる。「スティーブが言ったからやります」というカルチャーの会社です。

組織の形も、グーグルはビジネスユニットが100個ぐらいありますが、アップルは1つしかなくて、社長にエンジニアリング、マーケティングなど全部門がついていて、その中にiPadやMacなどのプロジェクトがあります。会社の構造自体が違っていて、仕事の進め方もまったく異なる会社です。

AIとどう向き合っていけばいいか

――話をAI、ロボットに移しましょう。2023年に生成系AIが登場しましたが、この流れは今後どうなっていき、われわれはAIとどう向き合っていけばいいのでしょうか。

松岡　今起こっているAIの興隆はレボリューションのように言われていますが、まさしくそうだと思います。みんなニュースを見て「またAIの話だ」と思っているでしょう。シリコンバレーに住んでいるとAIの話題ばかりです。

インターネットができ、iPhoneが出て、次は生成ＡＩ。生成ＡＩは、もしかしたらインターネットやスマートフォンよりもっと影響が大きいかもしれません。今、インターネットの使い方がわからないなんて言ったら、社会についていけませんね。そのうちＡＩがわからないと、モノが使えない、仕事もできないという状態になる。考え方としてはＡＩ＝ツールです。しかし、そのツールが使えない人は置いていかれるので、絶対に使える人にならなくてはいけません。とにかく使わなければならない。一度使い始めると、自分の人生の中で生成ＡＩをどう扱えばいいのかわかるようになります。

――今のところは、チャットＧＰＴやGeminiをどんどん触ってみるという感じでよいのでしょうか。ＡＰＩ（Application Programming Interface）などもっと難しい勉強をしたほうがいいのでしょうか。

松岡　グーグル検索では質問の仕方によって、答えがちゃんと出てくる人と出てこない人がいますが、チャットＧＰＴも使うだけではなくて、上手に使えるようになってください。

今のＡＩはブラックボックスと言われていて、プロンプト（指示文）を入れて、どんな答えが出てくるかわかる人はいません。プロンプトによってまったく違う答えが出てきます。いい答えも悪い答えも出る。いい質問ができる人をプロンプト・エンジニアと呼び、主に文系の人たちが担っています。とくにライティング（書くこと）が上手な人たちがプロンプト・エンジニアになります。

アメリカは今プロンプト・エンジニアが足りず、文章を書くのが上手な人たちが必要になってきていますから、プロンプトの書き方が上手になれば仕事がたくさん入ってくるかもしれません。

パッションを追い求めるとミッションになる

――昔はスーパーコンピューターのように、最先端の技術は一部の企業の人しか使えなかったのが、今はみんな平等にインターネットが使える世界になったので、学生にも十分チャンスがありますね。ここで、松岡さんのミッションドリブン（ミッションに基づいた意思決定）についてご説明願えますでしょうか。

松岡　先ほどパッションの話をしましたが、パッションとは自分が好きなものです。ヨガをすることでも映画を見ることでも何でもいい。自分が好きなことがパッションです。本当に好きなものがあったらそのパッションをとことん追いかける。そして、たとえばヨガや映画が、人や地球や宇宙を助けるものにつながっていったときにミッションになる、私はそう思っています。

誰もがユニークな存在で、みんながスペシャルなスキルを持っています。自分の「スペシャル・スキル」は何だろうと考えてください。私は、自分が生きていることで助かったと思う人が増えればうれしい、その考え方でミッションをつくっています。

「そんなことを言われても、自分にはパッションもミッションもないから、そんなところにたどり着けないいんじゃないかな」と言う人がいますが、私は「ミッションはどうやってつくっていけばいいのですか」と聞かれたとき、いつも「何か今好きなことはある?」と聞き返します。「映画を見るのが好き」と言われたら、「頑張って映画をたくさん見てください」と答えます。それがパッションになるかもしれません。

映画を見ているうちに、ドキュメンタリーが面白くなって、そのうちに地球をきれいにするドキュメンタリー映画に凝りだして、自分でYouTubeで作品をつくってみるなど、どんどん進んでいくと、それがミッションになることもあります。はじめから無理と決めつけないでパッションから入っていくと、いずれミッションにつながるかもしれない。そんな考えでいいと思います。

――パッションというと、ものすごい情熱を持って好きなことに取り組まなくてはいけない感じがするけど、そうじゃないのですね。好きなことを追求していくと情熱が上がってミッションになっていく可能性がある。そういう形でしょうか。

まずは「やりたいこと」を見つける

——次は教育方針について。松岡さんはこれだけのキャリアの中でどうやって子育てをしているのか気になります。小学生から高校生まで4人のお子さんがいる中で、ズバリどんな教育方針なのでしょうか。

松岡　とくに「これをしなくてはいけない」というものはありませんが、やはり将来パッションとミッションを持つ人になってもらいたいと思っています。私のきっかけはテニスでしたが、4人の子どもたちには、それぞれのパッション探しを手伝い、サジェスチョンすることは真剣にやっています。私の子どもたちが好きなことは、一番上の子が乗馬、次の子はテニス、次の子は水球、そして末っ子は車の運転。まだ12歳なので運転してはいけないのですが、そういう好きなことにとにかく熱中できるようにしています。

燃えるようなものがあれば、いくらめげてもいくら怒られてもまた立ち上がれるライフスキルが身につきます。勉強は、やりたいことが見つかれば、その時点からいくらでもできるものだから、まずパッションのつくり方、見つけ方、そういうライフレッスンを大切にしています。

——子どもが好きなことを見つける手助けをするのですね。「これは駄目」「こうしたほうがいいよ」など、自分の経験からくる近道などのアドバイスはしないのでしょうか。

松岡　たぶんしていると思います。家族で大切にしていることの1つは、どんなに忙しくても晩ご飯はみんなで一緒に食べることです。食事中、スマホは自分の部屋に置いておきます。家族みんなで食事をしながら「今日何があったの？」などと話しながら、私も自分の会社で苦労していることを話したり、子どもの話に「それはしないほうがいいよ」と言ったり。ただ、「これがいい！」などと断言はせず、行動は自分で選ばせています。それでも、親の影響は無意識に入っていると思いますが。

——理想の夫像はどんなものですか。

松岡　若いときの理想はかっこいい人だったけど、結婚して20年以上たってわかったのは、家や仕事のことを理解し手伝ってくれる人。

手伝ってくれるというのは、お互いになんとなく役割分担ができること。たとえば以前は、私がお皿を洗っていましたが、今は夫のほうが熱心になったので、私は手出しできなくなりました。以前は洗濯も自分でしなければ気がすまなくて、Tシャツに少しシワが残るだけでも嫌だったけれども、今は洗濯も夫に託しました。その代わり、子どもの送り迎えのスケジュールや、子どもが出る劇や試合のどれを見に行くかを決めるのは私に全部任されています。そういう家事や子育ての分担ができて、ちゃんとやってくれる人が理想的です。

人生の中では、夫が頑張らなければいけない時期、自分が頑張らなければいけない時期があります。結婚するときには、お互いに譲り合える相手を探すことがすごく重要だと思っています。

人生にパーフェクトタイムはない

――結婚や妊娠、子育てはキャリアに大きく影響すると思いますが、工夫してきたことや大切にしてきたことは何でしょうか。

松岡　これまでの人生で気がついたのは、「There's no perfect time」です。たとえば出産について「3年待てば落ち着いて出産・育児ができるようになるんじゃない？」などと思うことがあるかもしれません。でも、そんなときは来ません。パーフェクトタイムなどありません。子どもがほしかったら産む。仕事がしたかったらする。タイミングを待つなんて考えないほうがいい。これは重要なことだと思います。私の子どもは全員、一番タイミングが悪いときに生まれたのですが、なんとかなりました。

もう1つ大切なことは、仕事と家庭を分けないこと。たとえば私は、夜に家族みんなで映画を見ているときでも、30分だけミーティングを入れなくてはいけない場合は、「悪いけど、日本にいる人とお話しするのは夜しかできないからね」ときちんと子どもたちに説明する。仕事と家庭をきれいに分けようとしても分けられない。だからちょっと雑ですが、それでいい。完璧でなくていいということがすごく重要だと思っています。

――仕事と家庭を分けないという点は、日本は遅れているような印象を受けるのですが、アメリカ社会と日本社会でそうした感覚は違うのでしょうか。

松岡　答えはイエスだけどノー。アメリカだからできると思われることが多いのですが、一概にそうとは言えません。日本でも上手にできていると思います。日本で一番大変なのは人の目を気にしなくてはならないところです。アメリカもそうですが、アメリカよりも日本のほうが強い。日本の社会はそこが一番大変だなと思います。

それから日本では、会社を1年休むと自分の席にほかの人が座り、職場に戻ったときに違う仕事を与えられることがあります。アメリカの場合は、休職は2~3カ月しかできませんが、会社は必ずそのポジションを残しておかなくてはいけません。社員は同じポジションに必ず戻れる保証があるのです。それが大きく違いますね。

日本の会社も、3カ月休んでもそこからキャリアをまた伸ばしていけるような環境に変えなくてはいけません。若い人たちに勇気を持って会社を変えてほしいと思います。今、日本の会社は社員の扱いに悩んでいますから、勇気を出して訴えれば、今こそ変えられるのではないでしょうか。そうしなければ、日本の会社の将来は明るくないと思います。みんなに本当に頑張ってもらいたいなと思っている点です。

「ちゃんと失敗してよかったね」と自分を褒める

——これまで、成長も挫折もさまざま経験されてきたと思いますが、そうした中でこれがあったからこそ成長できたということがあればお教えください。

松岡　挫折について言うと、私は、自分のことを成功が重なった人ではなく、失敗が重なった人だと思っています。成長するのは、成功しているときではなくて失敗しているときです。失敗すると、みんなから笑われ、「もう駄目だ、こんなことしなければよかった」と思います。しかし、失敗をしてもまた次の日が来ます。

もう駄目だと思っても、朝になれば太陽が昇って次の日になる。それで、「朝が来たから、しょうがないから仕事に行ってみるか」「学校に行ってみるか」と思う。すると、自分が思ったほどの大失敗ではなかったり、思ったほどみんなは気にしていなかったり。その失敗を、2カ月くらいかけて頭の中で整頓していきながら、あとで振り返ると、以前より高いところにいる自分に気づきます。そして、「ちゃんと失敗してよかったね」と自分を褒めることにつなげていく。

これは、若いときはできませんでしたが、年をとってからできるようになりました。今でも失敗するたびにすごく悲しくなるけれど、「これはきっといいことにつながるよ」と自分に言い聞かせられるようになりました。しばらくは悲しくてつらいかもしれないけど、いずれ成功につながっていきます。

第3章

講義のポイント

1 プレゼンの前には、「どんな印象を持ってもらいたいか」を3つの言葉に絞って考える。人前で話すときは演技をしているつもりで臨むとシャイなタイプでもうまくいく。

2 人生で経験したさまざまな「点」はつながり、そのすべてが役に立つ。パッションを追いかけていれば人生に無駄はない。

3 AIがわからないと仕事ができない時代が来るので、AIは必ず使わなければならない。一度使い始めると、生成AIの扱い方がわかるようになる。

4 パッションとは「自分が好きなもの」。本当に好きなものがあれば、そのパッションをとことん追いかけると、それが自分のミッションになる。

5 人が成長するのは、成功しているときではなく失敗しているとき。失敗を頭の中で整頓し、あとで振り返ると、以前より高いところにいる自分に気づく。

第4章

コンセプトのつくりかた

株式会社 ニューピース CEO
高木新平（たかぎ・しんぺい）

1987年富山県出身。早稲田大学を卒業後、㈱博報堂に入社。2014年に独立し、NEWPEACEを創業。従来のブランディングに対し、未来の価値観や市場をつくる「ビジョニング」を提唱。さまざまな企業や地域のブランド開発に携わる。2021年より地元富山県の成長戦略会議委員、クリエイティブディレクターとして変革の一端を担う。三児の父親。

言葉はすべての起点になる

僕は「ビジョニング」（VISIONING）という方法論を提唱しています。これは僕の造語で、ブランディングをあえて未来志向に言い換えた用語です。

ビジョニングはＷＨＹを起点にストーリーを描くブランド戦略です。ＷＨＹとは端的にいえば「なぜやるのか」。企業が大切にしたい価値観をＷＨＹと位置づけ、そこから、マーケティング、ＰＲ、人事・採用のＨＲ、株主に向けたＩＲなど、いろいろなコミュニケーションを一気通貫する概念としてビジョニングという言葉を使っています。

僕は言葉を紡ぎ出して、それをデザインや映像、またはキャンペーンなどに具体化していく仕事をしていますが、そのときに重要なものが「コンセプト」です。これから、そのつくり方、考え方をお話ししていきます。古巣である博報堂の大先輩が書かれた『コンセプトの教科書』という本の内容を引用しながら、僕が実際に仕事で取り組んだ事例も語っていきます。

大前提は「言葉はすべての起点になる」ということです。会社の名前やビジョンは言葉で書かれます。人も名前が出発点になって、人格や世界観が形成されていきます。言葉はとても強いもので、すべての人に開かれた武器であり、中でもコンセプトは最も大事なものの1つです。

では、「コンセプト」とは何でしょうか。広辞苑には「概念」「全体を貫く統一的な視点や考え方」と書かれています。いくつか実例を見てみましょう。

スターバックスのコンセプトは何でしょうか？「おいしいコーヒーが飲めるお店」ではありません。「第3の居場所（third place）」です。家でも会社でもない、自由になれる場所のことです。スターバックスでは、コーヒーを飲むだけでなく、おしゃべりをしたり、作業をしたり本を読んだり、そんな過ごし方をします。お店は、第3の居場所というコンセプトに基づいて、立地のよいところに出店し、店内にはゆったりしたソファーがあって居心地のいい空間がつくられています。人々はその空間を求めてスタバに行くのです。

ユニクロのコンセプトは「Life Wear」です。日本語で言えば「究極の普段着」。時流に乗ったファッションではなく、人間の個性や日常生活を支える道具としての服です。ヒートテック、エアリズム、フリースなど機能性の高い合理的な道具を提供します。ユニクロは、人の日常を支える普遍的な、個性を表現しないLife Wearだからこそ、毎年機能をアップデートしていくのです。いち早く流行を取り入れるＺＡＲＡやＨ＆Ｍなどとは逆のアプローチです。

ユニバーサルスタジオジャパン（ＵＳＪ）のコンセプトは、「エンターテインメントのセレクトショップ」です。もともとはディズニーに対して、ジョーズやスパイダーマンなど映画の体験装置として始まり、マリオなどゲームの世界も取り入れていきました。映画の体験だけでなく、エンターテインメントすべてのセレクトショップとなるようなアミューズメントパークを目的にしています。それによってエンターテインメントの幅が広がり、さまざまなコンテンツを持っているゲームメーカーがリアル空間を提供する場所になっていきました。

最近、東京原宿の交差点にハラカドという施設ができました。これは僕も関わった仕事ですが、そのコンセプトは「クリエイターの社交場」というものです。通常の商業施設は、お店が入っていて、そこで商品を買ったりサービスを受けたりする消費の場ですが、ここはもともと原宿セントラルアパートという文化人が多く住んでいる場所でした。そこに新しい施設をつくりました。ハラカドには店舗だけでなくクリエイティブの事務所やラジオや写真のスタジオが入り、地下1階には銭湯があり、クリエイターが住んで、さまざまなコラボレーションによって新しいカルチャーを生み出す場所を目指しています。

コンセプトとは「価値の羅針盤」

コンセプトという言葉を、僕なりに言語化すると「価値の羅針盤」です。ブランドや会社が何を自分たちの価値とするか、その方位を示すものです。現代はこうすればうまくいくという地図のない時代ですが、その中で「自分たちはこの価値で世の中と関わっていくのだ」というコンパスとなるものです。

コンセプトはキャッチコピーではありません。たとえば、「サムライブルー」と「トータルフットボール」は、どちらもサッカーの用語ですが、サムライブルーはキャッチコピーで、トータルフットボールはコンセプトです。

サムライブルーはサッカー日本代表の愛称であり、その価値を表現するものではありません。トータルフットボールは1970年代にオランダ代表が使い始めた言葉で、自分のポジション、バックならバック、フォワードならフォワードだけをやるという考え方ではなくて、連携し合ってポジションを替えながらプレーを展開する新しい戦術として一世を風靡しました。トータルフットボールは自分たちの価値のつくり方を決めるものです。

それぞれ、日本代表とオランダ代表を表現する言葉ですが、キャッチコピーとコンセプトの違いがあります。

また、コンセプトは機能の説明ではありません。

かつてアップルにはiPodというウォークマンの進化系のミュージックプレイヤーがあって、これが発展してiPhoneになりましたが、当時、各社からiPodと同じ機能を持つＭＰ３プレイヤーが出ていました。アップルがiPodのコンセプトにしたのは「１０００曲をポケットに」でした。各社が10ＧＢの容量などを宣伝文句に使っていましたが、iPodが訴えたのは、ポケットにすっきり収まること、手に持ったときに直感的に使えること、１０００曲が思いのままに選曲できることでした。iPodはユーザー体験をコンセプトにしたのです。

ユーザー体験ということでは、僕は全国各地にある築１００年の古民家を宿にする「るうふ」というホテルブランドのビジョニングを行ったことがあります。「築１００年の古民家」「ゆったりとした広い空間」という言葉を使っても機能の説明でしかありません。１００年という長い時間を持つ建物の中で過ごすことが非日常体験になります。自分の生きた年数よりもはるかに長いときを生きた建物に宿泊すること自体がある種のユーザー体験なのではないかと考え、「時を超える宿」というコンセプトをつくりました。

コンセプトをつくることは新しい意味を創造することであって、その会社や事業、ブランドが世の中にどんな価値をもたらすか、社会でどんな存在なのかを表現します。

たとえばキャスパーというアメリカで急成長したマットレスの会社がありますが、自社をマットレスの会社とは言っていません。「最高の睡眠を引き出す「The Sleep Company」をコンセプトにしています。「マットレスの会社」とすると世の中に数多あるマットレス、ベッドの会社と同じですが、「睡眠の会社」というコンセプトであれば、マットレスに限らないサービス、快眠に導く音楽の提供、香りの提供へと事業が広がっていきます。コンセプトがあることで展開に広がりが出てくるのです。

コンセプトからストーリーが始まる

コンセプトは、「答え」というより「問い」です。

アマゾンが展開するキンドルというサービスのコンセプトは、電子書籍リーダーのキンドルを使って世界中のあらゆる書籍を「60秒以内に入手できるようにする」というものです。もともとアマゾンは、本が1クリックで買える、明日届くというサービスから始めましたが、キンドルは電子書籍のデータをダウンロードするので、60秒以内にその場で読めます。コンセプトが商品の企画、開発の方向性を示しています。

シャネルのコンセプトは「女性の身体を自由にする」というものです。かつて女性の服はコルセットで締め付けるようなデザインでしたが、ココ・シャネルが伸縮自在のジャージを使った動きやすい服、肩からかけて手が自由になるショルダーバッグなどをつくりました。活動しやすくすることによって、女性の社会進出を促したのです。

僕が関わった会社では、パークシャ・テクノロジー（PKSHA Technology）というＡＩ企業があります。「ＡＩは人の仕事を奪う」などと言われますが、この会社の思想は、人が使うことでＡＩが学習し、学習したインプットを利用する人間も学習していくというものです。人間とＡＩの相互学習という考えでソフトウエアを開発しています。そのコンセプトは「人とソフトウエアの共進化」です。これは「問い」です。ＡＩの進歩によって人の尊厳や役割が奪われることになるかもしれないと言われる中、人とソフトウエアの共進化を掲げて、そのためにどんなサービスができるかを追求しています。

コンセプトは商品をつくるときの価値の羅針盤であり、最終的にそれはユーザーの体験になります。ユーザーへの約束や提案でもあります。ブランドコンセプトは「顧客との約束」なのです。YouTubeチャンネル「THE FIRST TAKE」の「一発撮りで音楽と向き合う。」というコンセプト、旭山動物園の「行動展示」というコンセプトも顧客との約束です。

いろいろな事例を見てきましたが、新しい事業を考えるとき、会社を起業するとき、コンセプトを言葉で表現することで、あらゆる物語が始まります。コンセプトを言語化するところからストーリーは始まるのです。

日常生活でもコンセプトを言語化することを意識してみてください。友だちと旅行に行くときのコンセプトでも、会社のイベントのコンセプトでもけっこうです。コンセプトをつくることで価値が抽出され一貫していき、判断ができるようになります。結果的に、新しい意味や体験になります。

次に、具体的な事例を2つお話しします。

「幸福県」なのに幸福実感がない

2020年に新型コロナウイルスが流行したとき、僕の出身地の富山の病院でクラスターが立て続けに発生し、東京に次いで全国で2番目の感染率になりました。富山の医療現場が崩壊するというニュースを東京で聞いて、何かできないかと考えました。居ても立ってもいられなくなり、高校の先輩たちと一緒に「まもろう富山」というコンセプトで、クラウドファンディング・サービスのレディーフォー（READYFOR）に寄付基金を立ち上げました。

寄付金は3360万円ほどになり、さらに、それに呼応して富山県内から寄付が集まってトータルで1億円を超えました。僕はその活動が縁となって今の新田八朗知事と知り合い、富山県の仕事をするようになりました。

都道府県には「総合計画」というものがありますが、どこも金太郎飴のように同じで面白みがないので、個性を出していこうと、総合計画の上に「成長戦略」をつくることにしました。成長戦略会議を設置し、メンバーの半数を富山県内に住む人、半数を県外に住む富山県出身者にしました。そしてYouTubeで公開しながら議論しました。

具体的な課題は20代から30代の女性の流出率でした。富山は県外に出ていく人の割合が全国ワースト3。まず、これを解決しなくていけない。じつは富山県は、共働き率や世帯年収、持ち家率など客観的な幸福度が高く、「幸福県」と呼ばれます。それなのになぜ出ていくのか。「幸福実感が持てないからではないか」という意見をもとに、さまざまな議論を経て、3年前に「幸せ人口1000万〜ウェルビーイング先進地域、富山〜」というビジョンを掲げました。

ウェルビーイングは最近よく言われるようになった言葉で、「充実感」を表します。民間企業では、「ユーザーがどう感じたか」という定性インタビューやリサーチを実施しますが、行政は統計データしか見ていません。そこで県として定性調査を行うことにしました。

「移住」も大きなテーマでした。コロナ禍のときは国内旅行が増え、移住者も増えました。しかし富山県の人口が１００万を切る中では、居住者だけでなく、富山で仕事をする人やよく訪れる人、そして生まれ育った人など、富山に愛着を持って関わるすべての人を「関係人口」として増やしていかなくてはいけません。そこで「幸せ人口１０００万」を掲げたのです。

ウェルビーイングを高めて県外への人口流出を防ぎながら、関係人口を１０００万にしようという目標を掲げました。

幸福実感の低い地域に予算を当てる

富山県は「ウェルビーイング先進地域」を宣言し、ウェルビーイング課を設置して活動を始めました。僕自身は富山県のクリエイティブ・ディレクターという名刺を持って関わっています。県民調査を行い、年代・性別別にウェルビーイングをスコア化し、スコアの低い地域や分野に対して政策を考えます。

海外では北欧の国々やニュージーランドが、ウェルビーイングが高いと言われています。北欧の特徴の1つはリベラルであること。小国ならではの新しい考え方、独自の社会保障の考え方を持っており、富山もそれらに学びました。ニュージーランドでは「幸福予算」を設けて、幸福実感の低い地域に政策予算を当てています。富山も今年（2024年）、同じような制度を設けました。「子育て」も大きなテーマとしてとらえ、「若い人が楽しめる場所がない」という実感に対するアプローチを行っています。その1つが「しあわせる。富山」というイベントです。「しあわせ」は状態ではなくて動詞ではないのかと考え、「しあわせる。」という言葉を使ってイベントを展開しています。

さらに「面白い場づくり」など、さまざまなプロジェクトを実行している人たちをスカウトして委員になってもらい、スポットライトを当てています。

唯一無二の地形を活かす

このように、富山県では「ウェルビーイング先進地域」というコンセプトのもと、「幸せ人口

1000万」というビジョンを掲げていますが、関係人口を1000万にしていくためには、まず富山に関心を持ってもらわなければなりません。

富山はあらゆるランキングで47都道府県のうち23位くらいです。よくも悪くもない。「クラスで一番目立たない奴」です。マーケティング的には広く認知されることが重要なので、ブランディング推進本部を立ち上げ、「寿司といえば、富山」というプロジェクトを始めました。

47都道府県をながめたときに、富山が唯一無二であるのは地形です。海越しに3000メートル級の山が連なって見えます。海と山が非常に近く、富山湾は1000メートル以上の深さがあります。4000メートルの標高差があるのです。この地形は世界でもイタリアとチリと富山にしかないと言われています。じつは僕も最近まで知らず、神戸大学で「美食地質学」という分野を研究されている巽好幸教授に教えてもらいました。

イタリアもチリも食の大国で、標高差がさまざまなプランクトンを生み、食の豊かさにつながっています。富山湾は小さい湾ですが、日本海で獲れる800種のうち500種の魚が獲れるのです。

北陸の文化・消費の中心は金沢で、富山湾で獲った魚も金沢で寿司になりました。しかし、今は生産地がパワーを持ち始めて、生産地の近くにレストランができています。実際、富山で寿司屋やレストランを始める人が増えて、ミシュランの星付きの寿司店も金沢を抜く勢いで増えています。富山には、ます寿司、かぶら寿司などいろいろありますが、うまくアピールできていないので、成長戦略の具体的なアクションとして「寿司といえば、富山」を実践しています。

「寿司といえば、富山」は、プロモーションというより価値の羅針盤です。寿司屋をやりたいのなら富山に店を持ってもらおうと、寿司職人の学校をつくったり、イベントを実施したりしています。10年後には「寿司という言葉でイメージする都道府県は富山」と回答する人の割合を90％にしようという試みです。「うどん＝香川」のレベルを目指しています。

地方発のビジネスモデルを全国展開する

「コンセプトの言語化」の例をもう1つ紹介しましょう。

山形県にＳＨＯＮＡＩという会社があります。鶴岡市のスイデンテラスという水田に浮かんだホテルの経営で有名ですが、最近、社名をヤマガタデザインからＳＨＯＮＡＩに変えました。その提案の話をしたいと思います。

ヤマガタデザインは、山中大介さんが10年前に資本金10万円でつくった会社で、山形県にあるので、社名はヤマガタデザイン、ロゴは山形の山並みをデザインしましたが、さまざまな事業を展開していく中で、社名、ロゴに違和感を覚えるようになったと言います。

僕は、山中さんから「会社のロゴを変えたい」という相談を受け、「WHYから始めましょう」と言って、ビジョン、社名、ロゴを提案しました。ヤマガタデザインは2022年にニッポン新事業創出大賞で受賞して世間から評価されましたが、そのレベルで落ち着く会社ではありません。ホテルをつくって経営するだけでなく、その周辺の田んぼで新しい有機農業を始めたり、アイガモロボという農業用ロボットを開発販売したりしています。一方で、「チイキズカン」というメディアをつくって、Iターンする人を増やしています。今、会社のある庄内地方で始めたビジネスモデルをこれから全国で展開していくというフェーズにあります。これから東京に進出し、全国展開していくタイミングに合わせて、企業ブランドの強化も提案しました。

山中さんは、「地方は課題であふれている。それらすべての課題が、希望ある事業だと私たちは考える。悲観や批評から未来はつくれない。当事者として具体的に、行動して実現する。地方から生まれる希望が、子どもたちの未来をつくっていく」と言い、「地方都市から、ときめこう。」というビジョンを掲げていました。「地方都市から、ときめこう。」は論理的には合っていますが、少し違和感を覚えました。偉大なブランドは一体化を重視します。たとえば、ナイキは「ナイキは〜」という語り方をせずに、アスリートを登場させて、その発言を引用する。アスリートの目線で語るわけです。ナイキとアスリートが一体化することによって熱を帯びます。山中さんの言葉から、その熱を使えないかと考えました。

希望は漠然とした未来ではなく「ＩＮＧ」

「地方」という言葉には、「中央ではない」「中心ではない」というマイナーな印象があり、ときに差別的なニュアンスを帯びることもあります。地方に住む人が自らを卑下して使うこともあります。しかし山中さんは「地方が希望なのだ」と言います。

山中さんが考える希望は「自らが当事者となって未来に向かって動くこと」です。それを聞いて、希望は漠然とした未来ではなく、「希望＝ＩＮＧ」なんだと思いました。希望はモノではなく人であり、今ここで起きているＩＮＧです。そこで、「地方の希望であれ」というビジョンを立てました。地方の希望代表になること、本気で動き続ける当事者にエンパワーすること。そして、彼らこそが希望だという意味です。

山中さんの会社は、地域に農業用の土を配ったり、農家のためのロボットをつくったり、ホテルを営業したり、人材メディアを展開し、教育も行っている。「地方の希望であれ」とは、こうした事業を展開している会社も、サービスを提供する人たちも、地方の希望であれということです。それを増やしていくときに、「ヤマガタデザイン」でいいのか。

「ヤマガタ」という県名を使うことで、国の管理目線を感じます。ヤマガタデザインがあるのは庄内地方。かつての庄内藩です。地方は藩の意識が強いので、これから事業を全国に広げていくときこそ、固有性を高め、起点を強くする必要があると考えました。そこで、「SHONAIにしませんか」と提案しました。

メジャーとエッジの両立です。ヤマガタ（山形）よりもSHONAI（庄内）のほうがより固有性が高まるのではないかと考え、「TOYOTAやKOMATSUのようにSHONAIはどうですか？」と話をしました。そして、「地方の希望であれ　SHONAI」を軸にロゴ（**下図**）を

■株式会社SHONAIのロゴ

地方の希望であれ

SHONAI

考えました。

人と土地が持つ「動的な力」を表現したいと思い、デザインの考え方として、人が持つ「地《じ》力《りき》」と土地が持っている「地力《ちりょく》」を表現しました。

「価値の羅針盤」のとらえ直しで会社は変わる

ヤマガタデザインは創業10年で社名を変更し、それにともなってロゴを変え、新しいビジョンを「地方の希望であれＳＨＯＮＡＩ」と定めました。そして、次の10年は会社の第2章として、どんなミッションがあるのかを考えました。地方の希望であるためには、より伸びているマーケットや、より可能性のある分野に仕事を広げていかなければならないので、「地方の可能性を、世界経済とつなぐ」を事業コンセプトとしました。

これまでは山形庄内地域で、教育、人材、農業、観光の4つのジャンルで事業を行っていましたが、ＳＨＯＮＡＩを真ん中に置いて、事業を整理し直しました。

有機市場（グリーンマーケット）は非常に伸びているので、「有機米デザイン」と「ヤマガタデザインアグリ」という会社を「NEWGREEN」に統合し、「ヤマガタデザインリゾート」は、水が美しい場所でその土地の魅力を最大に引き出すようなホテルやリゾート施設を展開するということで「LOCAL RESORTS」と改称しました。

「チイキズカン」というメディアは、チイキズカンというサービス名は変えずに、地方企業が世界を変える、地域を超えていく、コラボしていくという思いを込めて、「クロスローカル(xLOCAL)」としました。

そしてその次の10年、つまり第3章は「民間行政期」ととらえました。これはまさにコープさっぽろがモデルになります。民間が行政の仕事を担っていく点で、コープさっぽろのように、土地性、土着性を持ちながらグローバル競争力のある事業をつくり、地方の希望であるような人たちと一緒に活動します。

このSHONAIの例に見るように、経営者やリーダーの思いを引き出し、それをコンセプトとして言語化し、「価値の羅針盤」をとらえ直すことによって、会社のあり方、可能性、展開は一気に変わるのです。

言葉によって現実を書き換える

最後に、これから個人的に取り組みたいことについてお話しします。

「失われた30年」という言葉がありますが、僕はこの言葉が大嫌いです。「物語は逆因果」だと思っているのです。物語は積み上げによってつくられていくだけでなく、言葉によって過去の意味も認識も変わります。「失われた30年」という言葉を聞くと、そのように過去を理解してしまいますが、地方を見るとそうでもないのです。地方の老舗が新しいチャレンジをして新しい産業が生まれ、新しいマーケットも生まれたりしています。

ビジョンを描いたときには、まだ実態はありません。しかし、ないものを描くことで現実化していくと僕は信じています。それを信じることが、会社や事業をつくる醍醐味です。もし過去が確定的に決まるのであったら、過去を経験していない僕らは未来を描いて、それを現実にしていくことによって、過去の意味さえ変えていくことができますから、「物語は逆因果」だと思っているのです。

少し古い話ですが、昭和31年の『経済白書』に「もはや戦後ではない」という言葉が書かれました。戦争が終わって11年後です。この言葉があったために、日本人は「これまでは戦後で、これからは戦後ではないのだ」と認識したのではないでしょうか。僕はこうした認識を持つことが重要だと思っているのです。言葉には現実を書き換える力があります。

テクノロジーは現実を拡張してくれますが、現実は言葉によって書き換えられるし、実際そうした歴史があります。一緒に仕事をしている石川善樹くんというウェルビーイングの日本の第一人者は、「今はＧＤＰ（国内総生産）よりもＳＤＧｓの大切さが言われているが、次はＧＤＷ（Gross Domestic Well-being＝国内総充実度）だね」と言います。実際、ＧＤＷは政府の骨太方針にも取り入れられました。

経済が成長し雇用が生まれることはとても重要ですが、それだけでは日本の未来は明るくならないでしょう。ＧＤＷ（国内総充実度）という考え方を持つことが新しい意味の創造となり、「価値の羅針盤」になっていくのではないかと思います。

僕が個人的に行いたいのは、「２０３０年以降の日本をビジョニングし、国内外から希望を感じられる国にする」というものです。そのために、僕はこれからも言葉の力を使って、さまざまな仕事に取り組んでいきたいと思います。

第4章

講義のポイント

1 ビジョニングとは、WHY（なぜやるのか）を起点にストーリーを描くブランド戦略である。

2 コンセプトとは「価値の羅針盤」で、ブランドや会社にとって「自分たちはこの価値で世の中と関わっていくのだ」というコンパスとなるものである。

3 コンセプトをつくることは新しい意味を創造することであり、その会社や事業、ブランドが世の中にどんな価値をもたらすか、社会でどんな存在なのかを表現する。

4 経営者やリーダーの思いを引き出し、それをコンセプトとして言語化し、「価値の羅針盤」をとらえ直すことによって、会社のあり方、可能性、展開は一気に変わる。

5 「物語は逆因果」である。言葉によって今はない未来を描き、それを現実にしていくことで過去の意味さえ変えることができる。

第5章

絶望を希望に変える経営学

慶應義塾大学商学部 准教授

岩尾俊兵（いわお・しゅんぺい）

1989年佐賀県生まれ。中学卒業後、陸上自衛隊少年工科学校に入学し自衛官に。高卒認定試験に合格して慶應義塾大学商学部に進学、2018年に東京大学大学院経済学研究科マネジメント専攻博士課程を修了して東京大学初の経営学博士を取得。明治学院大学専任講師、東京大学大学院客員研究員、慶應義塾大学専任講師を経て、22年より慶應義塾大学商学部准教授。著書に『世界は経営でできている』（講談社現代新書）など。

「えも言われぬ苦しさ」からの脱却

なぜ今、若い人は「えも言われぬ苦しさ」を抱いているのでしょうか。「将来が不安だ」という声も多く聞きます。その理由は経営と関わっています。私がそのテーマで書いたのが『世界は経営でできている』という本で、現在13万部を超えるベストセラーになっています。今日はこの本の内容にも触れながらお話しします。

さて、**図表1**のように、経営学には三層の学問構造があります。

①哲学レベルの議論（どのように生きていきたいのか？）
②枠組みレベルの議論（なぜ上手くいくのか？）
③実践レベルの議論（どうすれば上手くいったか？）

抽象化・一般化によって③→②→①と進み、相対化・具体化によって①→②→③と進みます。

現状の経営学のほとんどは「どうすれば上手くいったか？」という実践レベルの議論の「○○流××」です。トヨタの生産方式、アマゾン流ＥＣコマースなど、どうすれば上手くいったかという議論ばかりです。

図表1 経営学の「あるべき」学問構造

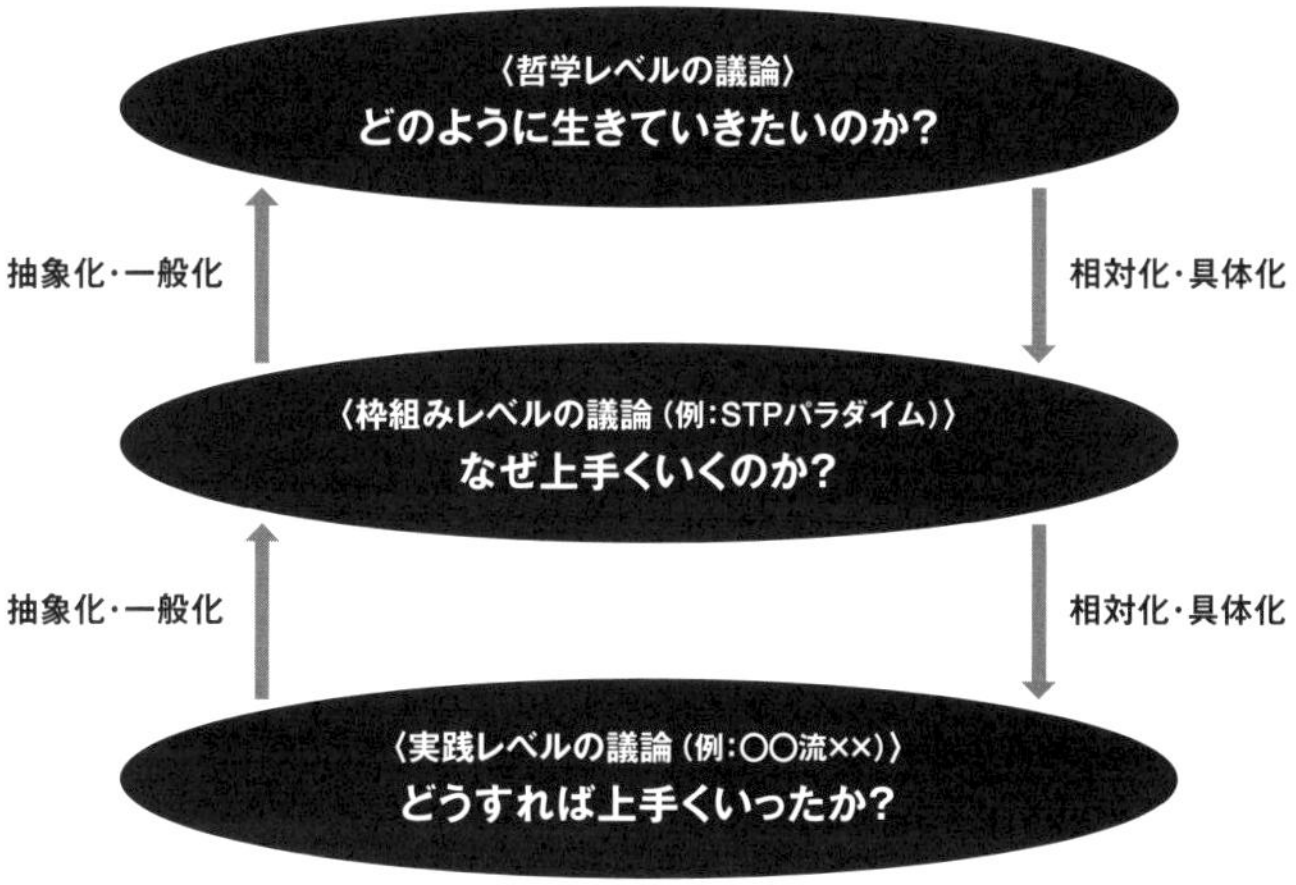

これを抽象化すると、図表の真ん中に示したパラダイムレベルの議論に変わります。これは、「なぜ上手くいくのか？」をロジックで説明した理論です。たとえば、つねにトヨタの生産方式が上手くいくわけではなく、業態が異なる場合はそのまま使えません。

それを可能にするのはパラダイムレベルの議論です。それをもう1つ上からとらえると哲学レベルの議論になります。

実践レベルの議論を抽象化・一般化させて、生き方に応じてどんな理論を使えばよいかを考える必要があるのです。

しかし、これがないために今、若者の中に「えも言われぬ苦しさ」があるのではないでしょうか。

みんなが儲かる状態をつくる

本当の経営学の「あるべき」問いは、「何のために生きるのか」「経営の概念をどう定義すれば絶対善でありうるか」です。私は、哲学者カントの実践理性論、道徳形而上学などから、経営の概念をどう定義すれば、みんなが幸せになれるのかを考えました。

既存の経営の概念はすべて「仮言命法《かげん》」です。少し難しい話ですが、仮言命法とは、「○○を得るにはどうすべきか」という原理です。売上を得るにはどうすべきか、リーダーシップを身につけるにはどうすればいいか、尊敬を得るにはどうすればいいか。これらはすべて「○○を得るにはどうすべきか」という仮言命法です。「仮」です。これでは、「○○を得るためには何をしてもいい」になります。経営概念のほとんどは「仮言命法」で、これでは悪徳と不幸がずっと生み出され続けるので、これを「定言命法《ていげん》」に変えればいいのではないかと考えたのです。

カントの定言命法は、「自分が採用する行動原理が誰もが採用する普遍原理になったとしても心から喜べる、そういう行動原理に従う」というものです。これが絶対善であるべきで、カントは「理性的な生き物はすべて道具（手段）ではなく目的である」と言います。

仕事をしているとなんとなく苦しさを感じ、「どんなに頑張っても自分はただの手段ではないか」と思うことがあるかもしれません。それは経営の概念に対する勘違いなのです。

「経営」の語源を考えてみましょう。「経営」という言葉が生まれたのは今から2600年前で、『論語』が成立する前の最も古い言葉の1つです。

もともとは、徳によって国を治める周の始祖・文王《ぶんおう》の伝説的な徳治政治のあり方を評して「経営」と呼びました。公共事業を行うときにはまず場所を決めます。これが「経」です。「経」には理由を説明するという意味もあります。どこに何をなぜつくるのかを説明します。そして、人が集まる場所をつくるという意味で、地面にロープを張って設計図を描く。これが「営」です。みんなが温かくなるような焚き火をすることも「営」と言いました。「営」とはどのように仕事をすればいいかを説明することです。

文王が、「経」と「営」によって、どこに何をどのようにつくればよいのかを説明したあとに、仕事のしやすい状態をつくると、普段よりも早く事業を完成させることができたので、庶民は親を慕う子どものように文王のもとに集まったといいます。仕事を楽にして、みんなが儲かるような状態をつくって、ビジネスを成り立たせる。これが「経営」だったのです。

そのようなことから、誰もが幸せになる絶対善である経営概念を「定言命法的な経営概念」といいます。難しい言葉ですが、言い換えると「価値創造」です。他者を幸せにしながら、きちんと利益を得て自分も幸せになる。他者と自分を同時に幸せにする。これが価値創造です。

「対立」から「仲間同士」へ

価値創造の実現を妨げる対立を解消し、豊かな共同体をつくることを経営概念としてみんなが信じ、行動原理にすればすごく幸せです。他人を幸せにしながら自分も幸せになるために、新しいビジネスをつくり、新しい市場を開拓するのです。

仕事には日々さまざまな対立があるので、それを1つずつ問題解決していく。誰もがそういう原理で動けば仕事がしやすいでしょうし、自分も楽しい。これは、みんなが採用してもいい行動原理のはずです。つまり定言命法的な、絶対善的な経営原理です。戦略論ではこうはいきません。

経営戦略論は極論すれば、他者を出し抜いて自分が利益を得ること。これをみんながやったらどうなるでしょうか。お互いに出し抜こうとしているわけだから、誰も儲からない。これは不幸です。でも、定言命法的経営概念であればみんな幸せになれる。私の狙いはこれです。

今、冷笑系分断煽《あお》りブームです。世の中を冷笑して2つに分けて、お互いに「あいつらがおかしい」と言う。たとえば、YouTubeで人気のコンテンツの1つは高齢者批判です。「高齢者がいるから若者は貧乏になる」と言います。逆に高齢者側は、「Z世代はもう終わっている」などと言う。こうして、分断して相手を攻撃することで気持ちよくなっていますが、そうではなく、みんなで価値創造をすれば、全員が幸せになる未来があるのではないでしょうか。

私は経営概念を転換させて熱血社会にしたいと思います。なぜそう思うのかといえば、今みんなが抱えている「わけのわからない苦しさ」の原因が経営概念に由来していると考えているからです。

中小企業庁の調査で、経営者に「経営課題はなんですか?」と聞いたところ、最も多い答えは「人材」でした。「経営を任せられる人材がいない」「誰を後継にすれば会社がよりよくなるのか、ビジョンが見えない」と言います。経営者は「孤立」しています。

一方、従業員側では、入社1年目の仕事の悩みは「残業が多い」「人間関係がうまくいかない」「給料が安い」「時間がない」など、要するに「困窮」です。

社会では、凶悪犯罪が増えたと言われます。データを見ると犯罪はずっと減ってきていたのですが、最近少しずつ増えています。人口減少社会なので犯罪数は減って当たり前ですが、母数が減っているので割合が増えている。中でも凶悪犯罪が増えています。

企業関連の不祥事も多く発生しています。品質がよいと言われてきた日本の自動車産業でも、次々に品質不正が明らかになりました。

今、4つバラバラな話をしました。経営者の孤立、従業員の困窮、凶悪犯罪の増加、そして品質の問題などの企業不正。じつはこれらの問題はすべて1つの問題から起きています。それは「対立」です。カネ優位・ヒト劣位という状況が対立を生んでいるのです。

カネ優位でヒト劣位の社会になるとなぜ対立が生まれるかといえば、「価値有限の発想」があるからです。

価値が有限なら、経営者、従業員、株主、顧客、政府は「有限の価値を奪い合う敵同士」となります。経営者が孤立するのは価値が有限だと思っているからです。従業員から搾取するしか自分が豊かになる道はない、株主の目を誤魔化して搾取するしか豊かになる道はない、顧客に粗悪品をつかませることでしか豊かになる道はない。だから孤独になるのです。いろいろな人が奪い合いをするので最も力の弱い立場の従業員が困窮します。

価値が有限だと思っていると、顧客に粗悪品をつかませることでしか儲けられないから企業不正が起こる。価値が有限だと思っているから、若者は高齢者からお金を奪う。オレオレ詐欺など、Z世代が高齢者を狙った凶悪犯罪を繰り返す。これは奪い合うことでしか豊かになれないと思っているからです。

しかし実際は、価値は無限でありえる。無限とまではいかなくても価値は創造できます。価値創造のパラダイムであれば、経営者、従業員、株主、顧客、政府は「無限の価値を創造する仲間同士」になります。価値は、湧水のように湧いてくるわけではありませんが、みんなで協力すればつくることができます。

現実的なのは価値無限思考

10万年前を想像してください。人間は洞窟をねぐらにしていましたが、洞窟の数は限られているので、奪い合い、殺し合いをしました。しかしあるとき人間は自分で洞窟をつくればいいのだと気づきます。地面を掘れば洞窟の代わりになる。木や藁《わら》で屋根をつければ雨露もしのげる。竪《たて》穴《あな》式住居です。ここから人口が急に増えました。

このように、価値無限思考は現実的であり、人類史を1万年単位で見れば、価値奪い合い思考のほうが非現実的です。この50年ぐらい価値奪い合いになっているだけです。

地球の資源は有限ですが、組み替え方は無限にありえます。資源を組み替えることで機能が生まれます。半導体集積回路に必要なシリコンは、今や石油や金よりも価値の高い資源ですが、じつは地球の3割がシリコンで、そこらにある白い石を電気で溶かして純粋なシリコンに変えて、露光と洗浄を繰り返して細かい彫刻をつくると回路になります。半導体は「ヒトの結合が生み出す資源」で、まさに人間が価値を創造している一例です。

価値創造論の考え方によって、皆さんが解決不可能だと思われている問題が解決できるかもしれません。価値有限思考では「一生働かなくてはならないのでつらい」という考えになりますが、発想を転換したあとには「幸いなことに、一生働いて暮らせる」という社会があるかもしれません。では、発想を転換するためにはどうすればいいか。

高齢社会になって医療負担が大きくなっています。「だから高齢者には早く死んでもらうしかない」と言う人もいます。それを批判するだけではなく、ロジカルにおかしいと言うことができます。「幸いなことに、日本には世界一質の高い医療を受けた高齢者が世界一多い」と発想を転換するのです。価値無限思考なら、高齢者の医療ビッグデータは資源に変わります。日本は高齢者の医療ビッグデータが世界一豊富なので、これをＡＩで解析して、新しい医療、新しい医療機器・医薬品を開発して世界に売る。高齢者の医療負担が大きいことが宝に変わるわけです。

このように、価値創造の考え方をみんなが持っていれば、将来が見えなくて苦しいという状態はなくなります。

すべての人が価値創造に貢献する経営

かつて日本企業は「価値創造の民主化」を強みにしていました。

アメリカ型の価値創造の教育は「少人数に深く」で、エリートが価値創造の主役で、報酬も独占していました。一方、日本ではQC（品質管理）活動や改善活動によって「多人数に浅く」の教育が行われました。東大の石川馨先生が中心となって、当時アメリカでは大学院修了者しか知らなかった品質管理の知識を7つの簡単な道具に変えて日本中にタダで配った。こうして日本では品質管理の知識を共有し、全員が価値創造のアイデアを生み出す状態になったのです。価値創造からの報酬も比較的平等に配分されました。

価値創造の民主化とは、すべての人がそれぞれの立場で価値創造に貢献する経営です。上司の役割は、部下の価値創造の障害となるムダな仕事を取り除くことであり、それによって生産性が向上しました。そうして上司も幸せになり、会社が儲かる。こんな理想的な状況がありました。

顧客の役割は、買い叩くことではなく、消費を通じて経営の原資を提供することであり、経営者の役割は、次の経営者を育てて豊かな共同体をつくることでした。従業員も皆が経営者候補の一員だったので、責任を持って仕事に取り組んだ。株主の役割は資金不足という障害を取り除くことだった。会社のOB・OGの役割は後進の成長を喜び、経験値を後世に残すことだった。政府の役割は税金を減らして、日本企業の国内成長と海外展開の障害を取り除くことでした。

1960年代の前半、池田勇人首相は世界中で馬鹿にされていました。ソニーのトランジスタラジオを持って外遊し、「これから日本は半導体産業で勝負します。世界一の品質を達成します。政府もこれを後押しします」とトップセールスをしたのです。フランスの宮殿での食事会で、池田首相が周りの企業人にひたすらラジオの説明をしたので、ドゴール大統領は「彼は一国の首相なのにセールスマンかね」と言った。それが当時フランスの新聞に載ったので、フランス人はみんな「日本人は馬鹿だな」と思ったわけですが、日本の企業はどんどん成長して海外展開していった。国は外交努力によって障壁を1つずつなくし、国内では減税を実施した。そうしてみんなが豊かになっていったのです。

しかし、今は似非《えせ》アメリカ式経営が流行っています。「カネでカネを生む発想」では、人は金を動かすためのコストなので、ヒトが悪いことをしないように管理や監視をしなくてはいけません。過去の日本式経営は「ヒトがカネを生む発想」で、ヒトこそが価値創造の主役であったので、ヒトを規則や書類で管理するのは悪でした。今は名ばかり管理が流行って、「ヒトよりもカネが大事という発想」になっています。

「価値創造の民主化」は経済成長期の日本で理念型として達成されただけで、完全に実現されたことは一度もありません。しかし、「すべての人は価値創造の源だ」という信念と実績が蓄積していき、みんなで価値はつくれるという状態になれば、「わけのわからない苦しさ」はなくなります。

インフレ下の経営とデフレ下の経営

少し専門的な話になりますが、価値創造の民主化では、すべての人を経営人材と考え、すべての人が価値を創造できるように知識を配ります。知識を配ってもらった従業員は一人ひとり責任を持って仕事に取り組み、価値創造していきます。そうすることでみんな幸せになります。

日本では1940年から50年までの10年間に200倍のインフレが起こりました。このとき、物価と賃金は200倍になりましたが、株価と地価は10～100倍にしかならなかった。一部の地価は100倍になりましたが、ほかは10倍くらいで、株価は10倍以下です。これは、ヒトが働くことの価値がどんどん上がっていく状態です。賃金が上がっているので、働けば働くほど豊かになる。逆にあまり働かない地主などは地価が上がらないので、どんどん貧乏になる。

このインフレでは、ヒトの価値が上がりカネの価値が下がりました。働くほど儲かる一方で、今まで1000円で買えたものが翌年には2000円払わないと買えなくなる。お金の価値が下がっていったのです。カネの価値が下がってヒトの価値が上がっているときに有効なのは「ヒトに好かれる経営」です。なぜかというと、RBV（Resource Based View）というものがあるからです。「希少資源を持っている会社は成功する」という理論です。

インフレとデフレでは希少資源が異なります。

インフレ下ではヒトが希少資源になるので、RBVの知見では、「ヒトに好かれる経営」が有効になります。デフレでは、お金の価値がどんどん上がって給料が下がる、あるいは上がらない。そして労働によって生み出されるモノの価値も下がる。デフレ下はお金がどんどん強くなるので、「カネに好かれる経営」が成功します。

実際、インフレ下の昭和の時期には、成果を残した経営者のもとに人が集まってきました。本田宗一郎や松下幸之助がそうです。丁稚奉公から会社を始めて、人間的な魅力によって、いろいろな人がその下で働きたいと集まってきました。「ヒトに好かれる経営」だったのです。

それに対して、デフレの時代はお金が希少資源になりますから、平成デフレ下で名を成した経営者は投資家ウケのする人でした。戦略とビジネスモデルをつくるのが上手く、ファイナンスの知識があって、投資家ウケしてお金を集めた。「カネに好かれる経営」を行った人たちです。

日本は、インフレ下の経営、デフレ下の経営、そしてインフレ下の経営という歴史的大転換を繰り返しています。今はインフレ下の経営になって、ヒトを集められる会社こそが成果を出します。ヒトを集めるには、ヒトを資源と考え、ヒト中心の価値創造の民主化を行い、その結果として、ヒトに比較的平等に報酬を配分することが大切です。

「価値創造」と「価値奪い合い」のパラダイム

日本はなぜ、ヒト中心の価値創造の民主化という強みを捨てたのでしょうか。

1つは、1985年のプラザ合意で円高ドル安の国際協調ができたため。同時に、お金を持っている人はデフレになることで儲かったので、集団パニック的に投資発想に走ったためです。プラザ合意で日本円の価値が上がって、日本は「みんなで価値創造しよう。ヒトが大事だ」という時代から、「カネが大事だ。価値創造でなく、お金を集めて世界中に投資すれば儲かる」という状態に変わりました。元から金持ちか、金持ち企業に入社した人は儲かりましたが、それ以外はずっと貧乏な状態になりました。

一方で、海外の大成功した起業家は着々と日本の経営をとり入れました。

余談ですが、なぜ日本からＧＡＦＡＭ（Google、Amazon、Facebook、Apple、Microsoft）が生まれないのかといわれますが、スタンダード＆プアーズ５００からこの5社を除いた４９５の株価指数では日本以下の成長しかしていません。アメリカの成長を牽引しているのはたった5つの会社なのです。

ＧＡＦＡＭのうちグーグルとアマゾンは「Kaizen（カイゼン）」のファンです。彼らは日本の価値創造の民主化をまねました。国としてもアメリカは日本の経営のやり方をとり入れました。

プラザ合意を仕組んだのは、レーガン大統領とマルコム・ボルドリッジ（当時の商務長官）の2人ですが、彼らは片方の手でプラザ合意を仕掛け、もう片方の手ではマルコム・ボルドリッジ国家品質賞をつくりました。日本のＱＣをＴＱＣ（Total Quality Control）と呼び名を変えてアメリカに持っていきました。

日本では主に製造業がＱＣに取り組んでいましたが、アメリカでは、ＴＱＣを学校や病院などサービス産業にまで広げてみんなで勉強しました。勉強してとり入れた会社を年1回、大統領が表彰することにしたのです。いまだにやっています。

過去の日本が理念を提案して一部実現し、今やアメリカの先端的な実務家を生んだ「価値創造のパラダイム」の一方で、STP戦略論があります。市場をセグメンテーション（S）して、ターゲティング（T）し、ポジショニング（P）して市場を取る「価値奪い合いのパラダイム」です。ここからは市場そのものを大きくするという発想が出てきません。

価値創造のパラダイムと価値奪い合いのパラダイムのどちらを採用すべきか。私は相対化すべきだと考えています。価値つくり合いのパラダイムで生きたほうが幸せだけど、奪いに来る人がいる。そういう人と対峙するために、価値奪い合いのパラダイムも勉強しておく。2つを相対化して場面に応じて使い分けることが大事なのではないでしょうか。

価値創造のための三種の神器

今、私が考えている逆襲の一手があります。日本の強みを取り戻す方法です。

QCサークルの考え方をVCサークルに変えるのです。VCとはValue Creation、価値創造です。この活動によって日本はもう一度あらゆる産業で豊かになれます。

かつて日本は「いい自動車をつくる」「いい家電をつくる」という明確なゴールを設定してQCサークル活動を行い、世界一の製造品質を達成しました。1人当たりGDPはスイスの次、トータルGDPはアメリカの次という、世界一豊かな国にまで成長した結果、最先端になりました。そして今度は、欧米のモデルがない中、ゴールをつくらなくてはいけなくなった。徒競走から借り物競争に変わりました、ゴールを見つけるこの競争では、価値創造をみんなでやらなければいけません。

私は、QC7つ道具に代えて、VC（価値創造）三種の神器を普及させたいと思っています。

①欲望をビジョンに変える「未来創造の円形」

三種の神器（3つの思考の道具）の1つは「未来創造の円形」です（**図表2**）。

まず、サークルの真ん中に自分の根源的な「欲望」を書きます。そして、これを「奪う」から「創る」に転換します。欲望は何かを奪うものなので、それを「創る」に変えるのです。次に「利己」から「利他」に変えます。欲望は奪うもの、かつ利己的なものなので、「奪う」から「創る」に変えたあと、「利己」から「利他」に変える。そうすると欲望がビジョンに変わります。

例を示しましょう。欲望として「働きたくない」と書き込みます。しかし、働かずに生活しよ

｜図表２｜ 未来創造の円形

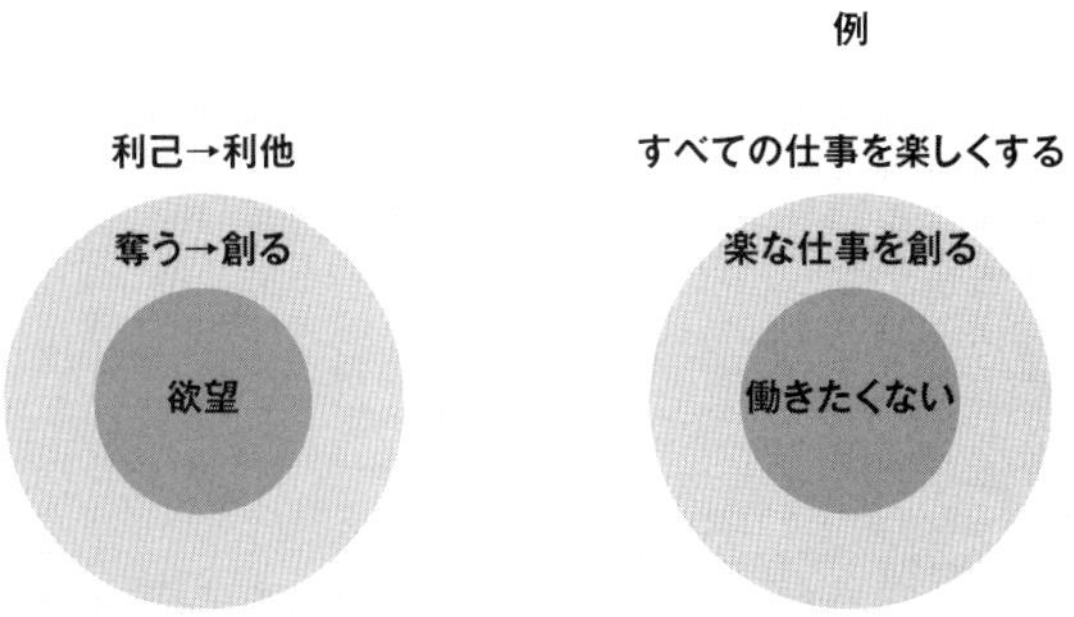

うとすれば人から奪うことになりますから、奪うから創るに変換します。「楽な仕事を創る」のです。次に自分だけが楽なのは利己的ですから、これを利他的に変換します。こうして「すべての仕事を楽しくする」ことができれば、みんなが喜びます。これが「ビジョン」です。

このように欲望をビジョンに変換するのが「未来創造の円形」です。この考えにおいて大切なことは、欲望は人からの応援がなければ実現できないということ。誰でも欲を持っていますが、それをビジョンに変えなければ、周りから応援してもらえません。応援がなければビジョンは実現できませんから、欲望をビジョンに変換するのです。

②対立から新たな案を生む「問題解決の三角形」

価値創造の2つ目の道具は「問題解決の三角形」です（**図表3**）。

「未来創造の円形」で掲げたビジョンによってよりよい未来を創ろうとしても、現在のさまざまな問題に阻まれて実現できないかもしれません。それを問題解決の思考法によって解決します。

図表3の左の三角形は「問題の三角形」です。現在の悩みは対立する2つの考えです。どちらも正しいと思えるものの対立があるから、思考が停止してしまうのです。そこで、究極の目的や幸せを考えて、右の「解決の三角形」をつくります。

対立する2つの考えには、それぞれ何らかの寄与・役立ちがあるはずなのです。それを右の「解決の三角形」に書きます。この「解決の三角形」を眺めていると、解決策が出ます。

たとえば、会社には「給料への不満が多い」という問題があるでしょう。そこに「給料を上げる」「給料を上げない」という対立が起こります。ほとんどの会社はこれで喧嘩をしていますが、究極の目的は「会社の成長」のはずです。

社員は「みんなの意欲が高まるから、給料を上げるべきだ」と思います。社長は「会社を成長させるためには資金に余裕が必要だから、給料は上げたくない」。どちらも正しい。さて、どうすればよいでしょうか。みんなの意欲が高まりながら経営資金が確保できて会社が成長する方法

| 図表3 | 問題解決の三角形

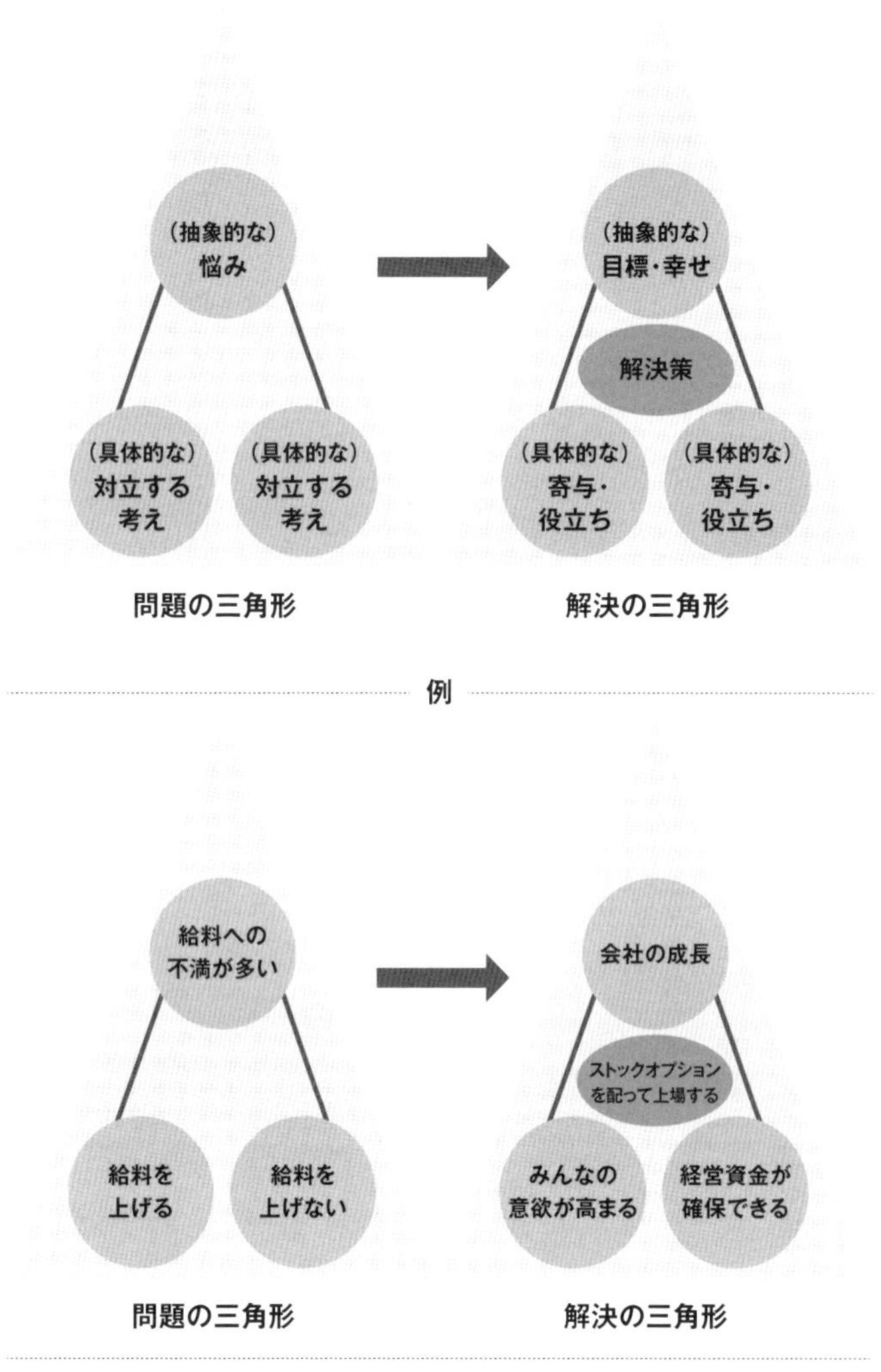

を考えます。右側の三角形を眺めているといろいろと思いつきます。たとえば、「ストックオプションを配って上場してみんなで豊かになる」というアイデアが出てきます。

③マイナスをプラスに変える「七転八起の四角形」

さて、こうして未来のビジョンを達成するために現在の問題を解決しても、今度は過去の問題があります。それをプラスに転換するのが「七転八起の四角形」です（**図表4**）。

左上の①の枠に「出来事」を書いて、そのプラスの面を探して、下の②に書き込みます。プラス面が見つからないときには、出来事から学んだことを書きます。次に、その右の③に出来事のマイナス面を書きます。この③に注目して、これを相殺する一手を考えて④に書きます。そうすると、1周回って「出来事」が起こってよかったと思えるようになります。⑤の状態が表れることになるのです。

経営学者のドラッカーは『創造する経営者』という本で、どんな出来事にもプラスとマイナス、強みと弱みがある。だから強みを残して弱みを消すような別の出来事をぶつければいいと言っています。それを繰り返していけば、どんな出来事もマイナスでない状態になるので、うまくいくということです。

図表4　七転八起の四角形

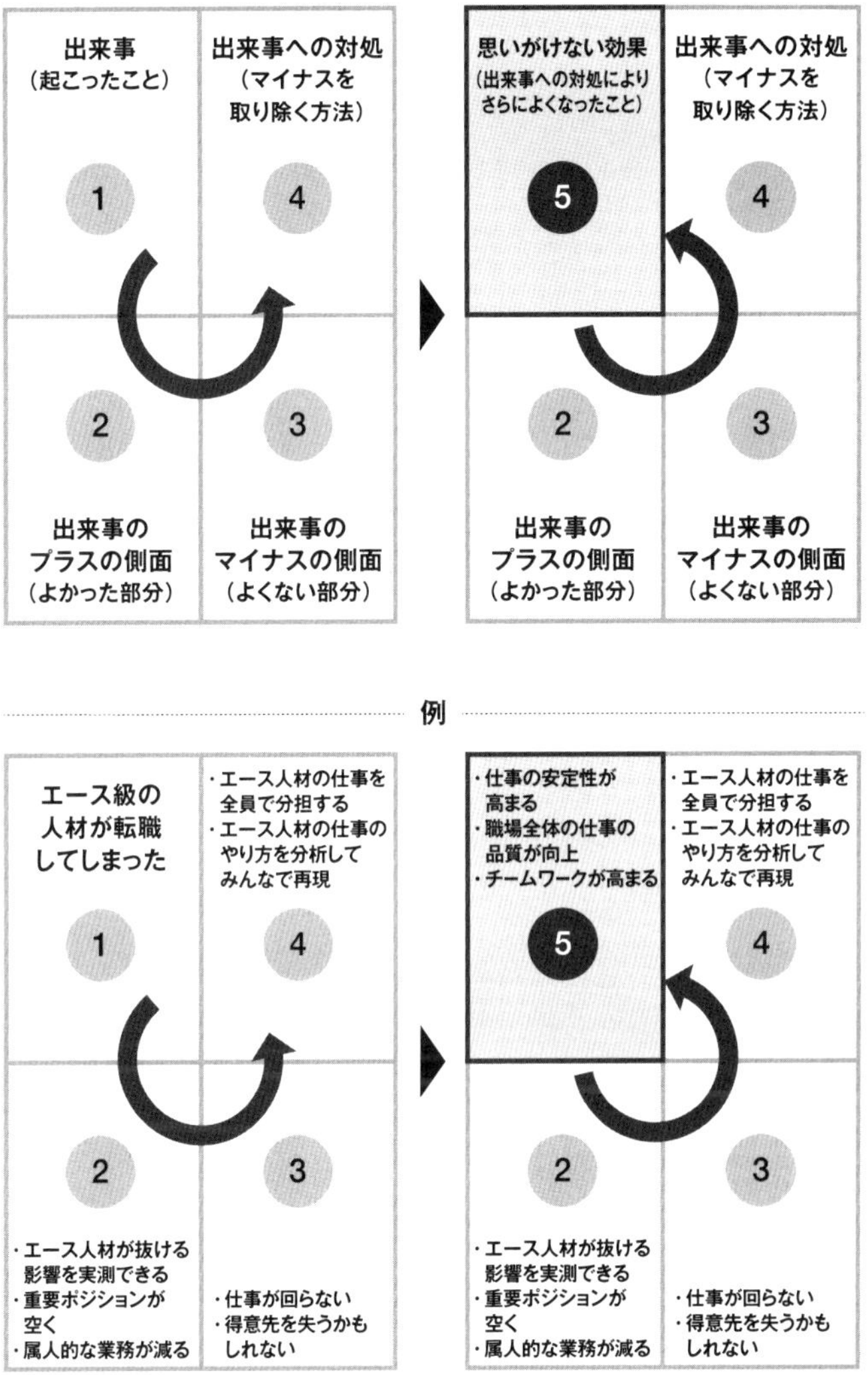

ある会社で聞いた例で説明しましょう（**図表4の下段**）。その会社ではエース級の人材が転職するという出来事（①）がありました。そのプラス面を探すと、エース人材が抜ける影響を実測できる、重要ポジションが空く、属人的な業務が減るというプラス面が見つかりました（②）。マイナス面としては、仕事が回らなくなり得意先を失うかもしれません（③）。そのマイナスを軽減するように「エース人材の仕事を全員で分担する」「エース人材の仕事のやり方を分析してみんなで再現する」ことにしました（④）。

こうすることで仕事の安定性が高まり、職場全体の仕事の品質が向上し、「やればできるじゃないか」とチームワークが高まりました（⑤）。

以上のように、まず「未来創造の円形」によって未来のビジョンを提示し、次に「問題解決の三角形」でさまざまな現実の問題を解決していきます。それでもどうしようもない出来事が発生することがあります。それを「七転八起の四角形」でプラスに転換するのです。こうすることによって、誰でも価値創造ができるのです。

VC三種の神器を活用して、「無限の価値創造」と「無形の生産手段（経営知識）の共有」によって人間の価値を高めながら、同時にそこから提供できる製品・サービスを増やしていきます。みんなが幸せになりながら、みんなお金持ちの状態になれるのです。

「人生の経営者」という意識を持つ

なぜ現代社会は息苦しいのか。どう見ても皆さん豊かなのに苦しいのはなぜか。それは、価値無限のパラダイムと価値有限のパラダイムの相対化ができていないからです。価値無限のパラダイムなら分断と対立は起きません。経営知識という資本も無限に増殖可能です。

豊かになるためにはお金や土地や機械を持たなくてはならないと思っている人もいるかもしれませんが、そうではありません。知識を持てばいいのです。知識は無限に増殖可能で、これから学んでいくこともできます。

豊かさの実現には次の2つが必要です。1つは、「失われた30年」など、こびりついた思考のクセである「価値有限思考」から脱却すること。もう1つは、価値創造に資する経営知識と経営意識を社会全体で共有することです。

みんなが「人生の経営者」という意識を持って、社会全体で経営知識と経営意識を共有していくことが必要です。「自分は人生の経営者だ」と思えば、絶望が希望に変わります。

第5章

講義のポイント

1 「経営」の語源は、仕事を楽にして、みんなが儲かるような状態をつくって、ビジネスを成り立たせること。その概念は「価値創造」と言い換えられる。

2 みんなで「価値創造」を行えば、全員が幸せになる未来がある。

3 かつて日本企業では、QC（品質管理）活動や改善活動によって全員が価値創造のアイデアを生み出す状態になり、高度経済成長を達成した。

4 VC（価値創造）三種の神器である「未来創造の円形」「問題解決の三角形」「七転八起の四角形」を活用すれば、みんなが幸せでお金持ちの状態になれる。

5 豊かさの実現には、「価値有限思考」から脱却し、社会全体で価値創造に資する経営知識と経営意識を共有することが必要。

第6章

マインドシェアを獲得する日清食品のブランディングと未来の食「完全メシ」プロジェクト

日清食品 株式会社 代表取締役社長

安藤徳隆（あんどう・のりたか）

1977年大阪府池田市生まれ。2002年慶應義塾大学大学院理工学研究科修了後、04年から祖父である日清食品創業者・安藤百福のカバン持ちを3年間務めたのち、日清食品㈱入社。08年日清食品ホールディングス㈱取締役・CMO就任。15年日清食品代表取締役社長、16年から日清食品ホールディングス代表取締役副社長・COO。

消費者のマインドシェアを上げる

私は日清食品の社長を10年務めてきました。今日はその間に取り組んできたさまざまなマーケティングをテーマにお話しします。前半はマインドシェアを獲得するブランディング、後半は未来の食と「完全メシ」プロジェクトについて述べます。

日清食品は、インスタントラーメンの製造販売を中心としてグローバルに事業を展開していますが、その強みは圧倒的なマーケティング力だと自負しています。２０２１年の「日経ビジネス」の特集記事「プロマーケターが選ぶ『マーケティングを見習いたい』企業ランキング」で国内トップの座に輝きました。なぜ日清食品が1位になれたのか、事例を交えてご説明します。

日清食品がこだわるポイントは、「商品が売れるブランド・コミュニケーションを自らつくる」ことです。当たり前のように聞こえますが、これができる企業は多くありません。面白いだけのＣＭは誰でもつくれますが、面白い上に商品が売れるＣＭをつくるのはとても難しいのです。テレビＣＭは、広告代理店に制作を依頼するのが一般的ですが、日清食品ではＣＭの基本的な骨格をほぼすべて自分たちでつくり上げています。

日清食品のマーケティングの1つ目のポイントは「ターゲットのマインドシェアを上げる」、2つ目は「サイバー戦を駆使した経営を行う」、3つ目は「現代アートに近い感覚でCMをつくる」です。順に説明していきましょう。

マインドシェアとは、ターゲット（消費者）の脳内の〝興味や関心の占有率〟のことです。いかに日頃からその〝ブランドの話題〟に触れているかによってマインドシェアは変わり、計画購買でない場合、マインドシェアの高いブランドの選択率が上がります。

「あの本がほしい」「あの服がほしい」といった計画購買ではなく、たとえばスーパーマーケットやコンビニエンスストアに行って「今日は何を食べようかな」という気持ちで食品棚の前に立ったとき、マインドシェアの高いブランドが選択されます。「カップヌードル」ブランドの話題に日頃から触れていれば、「カップヌードル」を手に取る消費者の数が増えます。これがマインドシェア・アップ＝〝ファン化〟です。日清食品流のマーケティングの1つ目のポイントは、マインドシェア・アップによってファン化を加速させることです。

2つ目のポイントは、マインドシェアをアップするためにサイバー戦を駆使したブランド経営を実践することです。

日清食品では、テレビCMを中心とした宣伝活動を空中戦と呼んでいます。一方、セールスパーソンたちがスーパーマーケットやコンビニエンスストアで商品を並べてカバー率を上げていく活動を地上戦と位置づけています。この空中戦と地上戦をつなぐのが、SNSを駆使して宣伝効率を格段にアップさせるサイバー戦です。日清食品では、空中戦、地上戦、サイバー戦の同時展開に重きを置いています。事例を1つ紹介しましょう。

2023年の夏に「シーフードヌードル」のCMで「強風オールバック」というコンテンツを活用しました。このCMは、「カップヌードル」史上最高レベルの反響を得ました。Xの投稿には64万の「いいね」がつき、ネット上で2500万回も視聴されました。ラーメンは夏に売れなくなり、冬の売上の半分くらいになるのですが、このCMを流したところ猛暑の中でも前年比107%を売り上げました。これを例に、どのようにモノが売れていくのかを説明しましょう。

まずテレビで、キャッチーなメロディにのせて「暑すぎて『カップヌードル』が売れない夏、せめて『シーフードヌードル』だけでも食べてほしい」と訴えるアニメCMが流れ、「なんだこのCM!?」と消費者が興味を持つと、多くの人がスマホで検索します。そして、ブランドサイトやYouTubeでCMをもう一度見て、「面白いな」「変なCMやってるな」と思うと、Xなどの SNSでCMの話題が共有され始めます。

SNSが賑わうと、ウェブメディアに「今SNS上で『シーフードヌードル』のCMが話題

シーフードヌードル「夏は食っとけシーフード篇」のテレビCM

です」という記事が出て話題が拡散していきます。

ＣＭを流して、ＳＮＳで話題を拡散させ、これがぐるぐると循環していく。この宣伝効率の高さをいかに出せるかが重要なのです。ネット上で話題になるとマインドシェアがアップします。「シーフードヌードル」がマイブランド化され、店頭で商品が目についたときに「買ってみようかな」と購買につながります。共感度が上がったタイミングに合わせて地上戦を展開し、店頭に「シーフードヌードル」を並べて購入しやすい状況をつくっておきます。こういう流れを生み出すことが昨今の経営では非常に重要です。

この流れには副産物があって、ネットで話題化されるとテレビに波及します。「最近ネット上で『シーフードヌードル』のＣＭが話題です」と、朝の情報番組やワイドショーで取り上げてもらえる。そうすると、普段はネットやSNSを使っていない人、年配の方にもテレビを通して注目してもらえ、「久しぶりに『シーフードヌードル』を食べてみようかな」と商品の購買につながっていく。これが1本のCMから始まる売上をつくる流れです。

現代アートに近い感覚でCMをつくる

こうしたCMをどのようにつくっていくのか。それが3つ目のポイントで、現代アートに近い感覚を重視します。

現代アートの定義の1つに、「コンテクスト（文脈）を複数持たせる」というものがあります。「チキンラーメン」や「カップヌードル」などブランドごとの世界観に合致した複数のコンテクストを掛け合わせて、新しいCM表現へと進化させるのです。

先の「シーフードヌードル」の場合は、3つのコンテクストを掛け合わせました。1つはビジネス上の課題である「猛暑で『カップヌードル』が売れないこと」をストレートに伝えます。2つ目はブランドの世界観として「『夏はシーフード』という習慣をつくりたい」。3つ目はコンテンツで「『強風オールバック』の活用＝耳に残る歌を替え歌にして訴求」です。

同じ手法を使って、「チキンラーメン」は〝たまごポケット〟の魅力をもう一度伝える、「日清焼そばU.F.O.」は濃厚ソースがおいしくて売上ナンバーワン・ブランドであることを伝えるためのCMをつくりました。

「シーフードヌードル」「チキンラーメン」「U.F.O.」のユニークなCMは、いずれも商品の売上アップに貢献していますが、批判もないわけではありません。日清食品の役員会では年配の役員から、「最近のCMはまったく意味がわからない」と怒られることもあります。さらにカスタマーメールで、年配のお客様から「最近のCMはうるさい」「よくわからない」とお叱りをいただいたりもします。しかし私は、怒られるくらい人の心をかき乱すCMでなければ、消費者に刺さらないのではないか、ほかのCMに埋もれてしまうのではないかと考えています。多少のお叱りを恐れずに、尖ったコミュニケーションによってマインドシェアを上げたいと考えています。

食堂も名刺も社史も自社らしく表現

CM以外の日清食品らしいマーケティング事例を紹介しましょう。

3年ほど前に、環境問題を〝エンタメ化〟して、サステナビリティ（持続可能性）を若年層に訴求することにチャレンジしました。それまで「カップヌードル」には〝フタ止めシール〟がついていました。お湯を入れたあとフタが開かないようにするプラスチック製の半透明シールです。これを廃止することで年間33トンのプラスチック削減につながることがわかり、環境問題とマーケティングを絡めた施策を立案しました。

シールを廃止するとともに、シールがなくてもしっかり止められるようフタの形状を変更し、開け口を2つにした新形状の〝Wタブ〟を採用しました。フタを開けると裏に猫の顔が描いてあり、〝Wタブ〟が耳になっています。フタに猫の顔を描くだけで、お堅いイメージのある環境問題も〝エンタメ化〟できるという事例ですが、テレビや新聞で話題になり、「カップヌードル」の売上アップにもつながりまし

フタを開けると猫の顔が現れる

た。

また、猫のイラストの中に6％だけチベットスナギツネのイラストを混ぜました。遭遇率6％のレアな存在ということで、これを発見した人がまたネット上で話題にしてくれました。環境問題は企業にとって避けられない課題ですが、日清食品らしいアプローチで取り組みました。

社内でもユニークな取り組みを行っています。

8年前に世界で初めての「株価連動性の社員食堂」を立ち上げました。株価が目標を上回ると〝ご褒美メニュー〟として、マグロの解体ショー、シュラスコパーティー、日本全国の駅弁を集めた駅弁大会などを開催しました。一方で目標を下回ると、〝お目玉メニュー〟といって、アルマイトのプレートにおでんとコッペパンと冷凍みかんだけを載せたような質素な食事が提供されます。

こうした取り組みで社員の株価に対する意識が一気に高まりました。その効果もあってか、日清食品グループの企業価値はこの8年間で3倍になりました。

名刺も工夫しました。2013年に「チキンラーメン」「カップヌードル」「どん兵衛」「シスコーン」など約30種類ものパッケージ型の名刺をつくりました。長方形が当たり前の名刺の形を変えるだけで、初めて会った方とも3分は話題がつくれます。こうしたところにも日清食品らし

商品パッケージ型の名刺

さを表現できるのではないかと考えています。

社史も工夫しました。企業は50周年、100周年を迎えると分厚い社史を発刊します。記録をまとめ、取引先などに配るのですが、ほとんどの社史は文字だらけで読む気がしない。どうせならみんながほしがるものにしようということでつくったのが、世界初のハードボイルドコミック社史です。「週刊少年ジャンプ」のような大きさで全ページが漫画です。

「この社史はフィクションである」という社史としては常識はずれの一文からスタートし、日清食品の創業者で、インスタントラーメンの発明者である安藤百福が髷《まげ》を結って日本刀を振り回しながら「チキンラーメン」や「カップヌードル」を発明していくという、奇想天外なストーリーが展開していきます。これが非常にうけました。イギリスのクリエイティブアワードで最高賞をいただき、海外でも話題になりました。

なぜこんな変わったことばかりやっているかというと、背景には日清食品の社風があります。われわれの行動規範「日清10則」の1つにある「仕事を楽しむのも仕事である。それが成長を加速させる。」は、仕事をできるだけ楽しいやり方に変える、周りの人も楽しくなれるような仕事に変えていくことが成長につながるという考え方です。だから、何をやるにしても日清食品らしくユニークに、社員食堂も名刺も社史もブランディングにつながる表現方法を取り入れているのです。これからの時代にグローバルに通用するブランドを確立していくには、一つひとつのアクションをその会社らしく表現することが非常に重要になってくるという事例です。

『日清食品六十年史 SAMURAI NOODLES』より

「栄養と健康」に関連する3つの社会問題

ここからは、新規事業の「完全メシ」についてお話しします。

まず、フードテックの現状を説明します。フードテックとは、食分野の課題を解決する最新のテクノロジーのことで、その市場規模は約700兆円と言われています。

現在のフードテックは、地球環境や資源保全を目的としたサステナビリティ・テクノロジーがメインになっていますが、フードテックが創り出す食の未来はサステナビリティに関するものだけではないと思っています。

われわれが考える食の未来は2つあります。1つは今挙げたサステナビリティ関連です。代替肉、昆虫食、環境負荷の少ないアグリテックなど、地球の健康（Planetary Health）に関連するフードテックです。こちらにばかり話題、投資が集中していますが、食の未来を考えると、ヒトの健康（Human Well-being）に関するフードテックをもっと進化させるべきです。

「栄養と健康」については、次のような社会課題があります。

1つは「オーバーカロリー」。肥満などの生活習慣病によって死亡率が高まり、医療費も年々増加しています。世界銀行の２０１６年の統計によると、世界では20億人以上が過体重または肥満で、肥満に起因する経済的損失（年額）は世界で2兆ドル、日本円で約３００兆円とされています。

もう1つは「隠れ栄養失調」。間違ったダイエット方法によってカロリーや栄養が不足している状態のことで、日本では女性に多く見られます。カロリーを50％オフにすると体は細くなりますが、必要な栄養素も50％しか摂れていないので、それが恒常的に続くと将来の疾病リスクが増え、インナービューティー（内臓や心の健康）が損なわれていきます。日本人の摂取カロリーは、戦後間もない時期と比較して10％以上減少していると言われています（※1）。終戦直後の人たちよりも栄養失調状態にあるのです。さらに、20代女性の野菜の摂取率は目標値に対して約40％不足しています（※2）。ビタミン、ミネラルが足りていないというデータもあります。

3つ目が「フレイルサイクル」。フレイルとは、健康と要介護の中間の状態で、高齢化社会の日本で非常に大きな問題です。年をとると食が細くなり、量が食べられないため、カロリーも栄養も摂れなくなっていきます。すると栄養失調になったり、カルシウムやタンパク質の摂取量が減り骨や筋肉が弱くなります。だんだんと歩けなくなり、歩かないとエネルギーを消費しないので、さらに食が細くなっていく。やがて、栄養が摂れなくなって衰弱し、病気のリスクが高まり

※1 昭和25年「国民栄養調査」、令和元年「国民健康・栄養調査報告」厚生労働省（対象は1歳以上の男女の総数：1950年 2,098kcal ／ 2019年 1,849kcal）

※2 令和元年「国民健康・栄養調査報告」 野菜の摂取目標 350g（健康日本21 第二次）に対する20代女性の摂取量（212.1g）の割合

介護が必要な状態になります。しかも、フレイルサイクルには治療薬がまだ存在しません。

われわれは、オーバーカロリーや隠れ栄養失調、フレイルサイクルなど、現代ならではの食の課題をフードテックで解決したいと考えました。

「栄養最適化テクノロジー」による「完全メシ」の開発

カロリーを50%オフにして、そこに必要な栄養素を100%詰め込むことができたら、肥満の問題も隠れ栄養失調の問題も同時に解決できるはずです。逆に高齢者は食が細いので、少量の食事にカロリーや不足しがちな栄養素をしっかり閉じ込めることができれば、フレイルの予防にもつながります。

日清食品が3年前に発明したのが、「栄養最適化テクノロジー」です。この技術を使えば、カロリー、塩分、糖質、脂質を自由自在にコントロールし、性別、年齢、体質、それぞれに最適な栄養バランスの食事を提供することができます。

すでに、カレーライス、トンカツ、スパゲティ、そば、ピザなど200種のメニューを「最適化栄養食」に置き換えることができました。どれも完璧なPFC（タンパク質・脂質・炭水化物）バランスになっています。厚生労働省は日本人に必要な栄養素を33種類設定していますが、それらのバランスも過不足なく整っています。

完全栄養食のようなコンセプトは昔からありますが、これまで成功していません。1つの食事の中にさまざまな栄養素を詰め込もうとすると、まずくて食べられないからです。日清食品ではインスタントラーメンなどの開発で培ってきた技術を掛け合わせて、どんな栄養素が入っていてもおいしさが損なわれない新しい技術を確立しました。

たとえば、黒酢の酢豚定食、トンカツ定食、スパゲティナポリタン、欧風ビーフカレー。どのメニューも普段の食事と変わらないおいしさで、PFCバランスは完璧、しかも33種類の栄養素がバランスよく整っている。そして、4種類どれを食べても摂取されるエネルギーはほとんど同じです。

33種類の栄養素とおいしさの完全なバランスを追究した「完全メシ」

このような「栄養最適化テクノロジー」から生まれたのが「完全メシ」です。2年前に発売して以来、順調に売上を伸ばしていて、ブランドの認知度は46％になりました。2人に1人ぐらいの方が「完全メシ」を知っている状態ですが、これから売上も知名度もさらに伸ばしていきたいと考えています。

今、「完全メシ」ブランドでは次のような商品を展開しています。「カレーメシ」シリーズ、「U.F.O.」シリーズ、女性向けのカップスープやスムージー。それぞれカロリーは違いますが、33種類の栄養バランスが整っていて、しかもおいしい。スーパーマーケットなどでは、スパゲティ、担担麺、お好み焼きなど冷凍食品の「完全メシ」の取り扱いも始まっています。

さまざまなブランドと協業

「カップヌードル」は日清食品にとって一番大きなブランドですが、将来的には栄養バランスが整っている「完全メシ」のウエートが大きくなっていくのではないかと考えています。

たとえば、「完全メシ 日清焼そばU.F.O.濃い濃い屋台風焼そば」は、PFCバランスが完璧で、1食にタンパク質が17・7g含まれています。食物繊維も1食に9・8g入っています。カロリーは約451キロカロリー。成人男性が1日に摂取するカロリーの6分の1ほどです。食塩は3・5g、飽和脂肪酸も3・2gしか入っていません。当然33種類の栄養素も過不足なくバランスが整っています。

オンラインストア限定では、和食、洋食、中華の約30メニューの冷凍食品を販売しています。最近、この「完全メシ」の冷凍食品が非常に売れてきていて、リピート率も55%と非常に高い数値です。ガッツリした味わいなのに罪悪感がないという点が好評です。

「完全メシ」は、さまざまなブランドとも協業しており、コンビニでは「完全メシ」のおにぎり、パン、サンドイッチのテスト販売が始まっています。スーパーマーケットでも、デミオムライス、スパゲティ、惣菜弁当の「完全メシ」が販売されています。

大阪のマリオットホテルで「完全メシ」のハンバーグ、カレー、サンドイッチを提供するなど、外食産業との協業も始まっています。木村屋總本店でも「完全メシ」のあんぱんを売っていたり、われわれのグループ会社の湖池屋が「カラムーチョ」を「完全メシ」化したり、山崎製パンからは「ランチパック」の「完全メシ」が2024年春に発売されました。

最近、企業は健康経営を重視しており、三菱商事、明治安田生命、楽天グループ、ライフカードなどの企業は、社員食堂に「完全メシ」のメニューを導入しています。また、冷凍ショーケースで「完全メシ」の冷凍食品を販売するスタンド型社食「完全メシスタンド」も、慶應義塾大学病院、ADKマーケティング・ソリューションズ、鈴与、スギ薬局などに設置され、広がりを見せています。

異業種のコラボとしては、明治安田生命との協業が始まっています。「完全メシ」と保険などを組み合わせることで、お客様の健康づくりやＱＯＬ（生活の質）向上に貢献するサービスの開発を進めています。２０２５年1月からは、明治安田が発売する保険商品の加入者に向けて、「完全メシ」を提供するサービスをスタートさせました。

被災地での炊き出しを「完全メシ」で行う

２０２４年の元旦、能登半島で大きな地震が発生して多くの方が被災されました。地震や台風など自然災害が起きると、最初に被災地に届けられるのは、水、パン、おにぎりなど常温で持っていけるものか、冷たいものです。2～3日後になると、インスタント麺などの温かくして食べられる食品が届けられます。

日清食品は災害が発生すると、給湯機能付のキッチンカーを派遣して「カップヌードル」や「どん兵衛」などを被災者の皆様にお届けしていますが、能登半島地震のときには、被害の大きかった七尾市から要請を受け、避難所で「完全メシ」の炊き出しを行いました。というのも、避難生活が長期化していくと栄養の問題が出てくるからです。これからの災害支援食として「最適化栄養食」が注目されています。

昨年の夏には、「最適化栄養食」を普及させていくために、「一般社団法人 日本最適化栄養食協会」が設立されました。今後、「最適化栄養食」が新たな成長産業として健全な発展を遂げるためには、本当に必要な栄養素が上限値と下限値を守って入っているかなど、しっかりとしたルールづくりが必要になります。

新しい市場が成長していく過程では、「完全栄養」を謳った粗悪な商品も出てきます。栄養素の中には摂りすぎてはいけないものもあり、健康被害につながる可能性も否定できません。こうした懸念があると、消費者からの信頼も得られません。そこで、高血圧や糖尿病の権威である慶應義塾大学の伊藤裕教授を中心に産学医が連携しながら、消費者にとって安全・安心で、健康増進につながる新しいルールづくりを進めています。

「ジャンクなのに最高にヘルシー」を目指す

今後われわれは、「最高にジャンクなのに最高にヘルシー」な食を実現したいと考えています。

一般的な健康食品は、野菜がたくさん入っていて、薄味で、いかにもヘルシーなイメージを押し出しています。しかし、日清食品は〝食欲に寄り添う〟という真逆のアプローチで、ジャンクなものをヘルシーなものに変えていきます。その上で、好きなものを好きなときに好きなだけ食べても大丈夫な世界を実現していきたいと考えているのです。

では、未来の「カップヌードル」はどうなるのか。

「栄養最適化テクノロジー」を活かして、サステナビリティとウェルビーイング、つまり地球の健康とヒトの健康を同時にかなえる究極の簡便食、そして未病対策食へと進化していくでしょう。

その特徴は4つあります。①現在の「カップヌードル」とまったく同じ味、②地球の健康を考えてすべてが植物性由来原料、③「完全メシ」のように完璧なPFCバランス、④33種の栄養素がバランスよく整っている。

極論すると、「カップヌードル」だけを365日食べ続けてもどんどん体が整っていく、未病対策が進んでいくような〝夢の食べ物〟です。

一方で、「完全メシ」化が最も難しいのが「カップヌードル」なのです。というのも、インスタントラーメンのNo．1ブランドですから、多くの人がその味を覚えています。少しでも味が変わると、「これは『カップヌードル』ではない」と言われてしまいます。「カップヌードル」のおいしさを保ったまま「最適化栄養食」にするのは難しく、まだ完成には至っていません。なんとか5年以内に実現したいと考えています。

これからも日清食品は、「新たな食の創造」によって世界の課題をスピーディーに解決して、人類をもっと健康に、もっとハッピーにしていきます。

第6章

講義のポイント

1 マーケティングのポイントの1つは、マインドシェア（消費者の脳内の興味や関心の占有率）を高めること。マインドシェアはブランドの話題に触れるほど高くなる。

2 現代のマーケティングでは、空中戦（テレビCMなどを流す）、地上戦（店頭に商品を並べてカバー率を上げる）、サイバー戦（SNSを駆使する）の同時展開が重要。

3 CMづくりでは「コンテクスト（文脈）を複数持たせる」ことを重視する。ブランドの世界観に合致したコンテクストを掛け合わせて、新しいCM表現に進化させ、尖ったコミュニケーションでマインドシェアを上げる。

4 これからの時代にグローバルに通用するブランドを確立していくには、一つひとつの仕事のアクションをその会社らしく表現することが重要。

5 「肥満」「隠れ栄養失調」「フレイルサイクル」など、新たな食の問題が顕在化している。これらを解決するためにフードテックを駆使して誕生した「最適化栄養食」が注目されている。

第7章

スタートアップ

株式会社 HOKUTO 代表取締役会長

五十嵐北斗（いがらし・ほくと）

1994年北海道生まれ。中央大学商学部在学中の2016年に㈱HOKUTOを設立。複数の事業を経て家業である医療領域に参入。「より良いアウトカムを求める世界の医療従事者のために」をミッションに、医学生向けの国内最大の研修病院口コミメディア「HOKUTO resident」、医師向けの臨床支援アプリ「HOKUTO」を運営。

成功する起業家はすぐに起業する

株式会社HOKUTO代表取締役会長の五十嵐北斗といいます。サービス名も社名も私の名前も同じです。1994年生まれの29歳で、6年前まで大学生でした。本日は、大学時代に起業した会社をどのように展開させてきたのか、その歩みをご紹介します。

HOKUTOでは、2つの主要サービスを提供しています。1つ目は医学生向けの就活サイト「HOKUTO resident」です。医学生が研修先を選ぶ際に口コミ情報を参考にできるサイトで、全国の医学部生の約9割が利用しています。2つ目は医師向けの臨床支援アプリ「HOKUTO」。最新の医学情報や薬剤情報を迅速に提供し、国内の医師の約3人に1人が利用しています。どちらのサービスも、医療現場での課題解決に貢献しています。

私は、医師の父をはじめ親戚にも医師が多い家庭に育ちました。しかし、そうした環境に少なからずプレッシャーを感じていたこともあり、高校時代に文系を選択しました。将来は経営者になりたいという思いから、大学では商学部を選びました。

大学では、一般的な学生生活を送りながらも、講義中にスマホゲームをしてしまうような不真面目な一面もありましたが、1つだけ熱心に取り組んだ授業がありました。それは「起業家育成」をテーマとした講義です。この授業を通じて担当教授と親しくなり、毎週学食で食事をしながら、アントレプレナーシップ（起業家精神）について多くを学びました。

ある日、教授から「キミは将来何になりたいんだ？」と問われ、「経営者です」と答えると、「今すぐ起業しなさい」と背中を押されました。もちろん、その場ですぐに起業するのは難しいと感じていましたが、1週間後に「起業したか？」と質問をされ、「まだです」と答えたところ、「成功する起業家はすぐに行動するんだ」と厳しく指摘されました。教授の話には、大学時代に起業し、成功を収めたインターネット黎明期の創業者たちが例に挙げられていました。「起業しないのなら、キミと一緒にご飯を食べる意味はない」と言われた私は、その言葉に奮起し、翌日、「会社のつくり方」をネットで検索し、とりあえず会社を設立しました。

設立当初、具体的な事業内容は決まっておらず、ホームページ制作や人材紹介、広告支援といった、できそうな事業を10項目ほどリストアップしました。しかし当時は、とくにやりたいことが明確ではありませんでした。起業資金は、貯金にお年玉を足した25万円。特別なスキルやビジョンがない、平凡な大学生がスタートさせた会社でした。

その後、たまたま大学を辞めて起業していた友人に相談すると、「開発受託の事業に切り替えるから、このインターン支援事業を託すよ」と言われ、それを1つ目の事業にしました。この事業では、初月から150万円の売上があがりました。これが大学2年の終わり頃の話で、一気に成功体験を得た私は有頂天になりました。しかし、3年生、4年生になると、周りの友人たちは「就職活動を始めたから、インターンはもういい。今度は就職先を支援してほしい」と言い始め、需要が次第に低下。事業は徐々に縮小し、行き詰まりを見せるようになりました。

事業の停滞に悩んでいた私に、教授は「シリコンバレーのツアーに行ってみなさい」と勧めてくれました。ツアーでは、現地で活躍するスタートアップ経営者に会い、とくにチャットワーク創業者の山本敏行さんに大きな影響を受けました。彼から「ITの会社をやるなら投資する」と言われ、大学の仲間と「ペットのトリマーを自宅に呼べるアプリ」を立ち上げました。しかしこの事業は顧客ニーズを誤り、半年後には失敗しました。ユーザーからの反応が薄く、資金も尽きかけて共同創業者や社員が次々と離れ、残ったのは50万円と、途方に暮れる自分だけでした。

10年間飽きずに取り組める領域は何か

会社の収益が停滞し、メンバーが次々と去っていったあと、私は人生の岐路に立たされました。このまま会社をたたみ、就職活動を始めるべきか。それとも、新たな挑戦をするべきか。答えが見つからないまま、毎日朝から晩まで1人で散歩をする日々が続きました。

同級生たちは新社会人として働き始め、インスタグラムやフェイスブックには新入社員歓迎会の写真があふれています。また、母親から月に2回ほどかかってくる「これからどうするの?」という電話に、答えられない自分に失望する日々でした。

それでも、わずかな希望を見出すきっかけとなったのは、起業家仲間の存在でした。

たとえば、料理レシピアプリ「クラシル(Kurashiru)」を立ち上げた知人や、コスメアプリ「リップス(LIPS)」を成功させた同年代の友人たちのことを思い出しました。どちらの事業も順調に見えましたが、その裏には失敗の経験がありました。彼らは3つ目の挑戦でようやく成功をつかみ取っていたのです。その事実に触発され、自分の苦境も成功までの通過点だと信じることにしました。これまでにインターン支援事業とペットのトリミング事業に挑戦してきた。まだ2回だ。ならば次をやればいい、と考えるようになりました。

当時、1500万円を資金調達していたものの、手元にはわずか50万円しか残っていませんでした。それでも「この50万円が0円になるまで挑戦を続ける」と心に決めました。そして、「10年間、自分が興味を持ち続けられる領域に取り組む」という鉄則を自らに課しました。

短期間で急成長し、一気に成功するスタートアップのイメージがありますが、実際にはほとんどの会社が成功をつかむまでに10年以上の歳月を要します。長期間取り組むためには、変わらない興味を持てる分野を選ぶことが重要です。学生時代に趣味や興味が変わった経験を思い出し、自分にとって持続可能なテーマを慎重に選ぶ必要があると感じました。

残金50万円で市場調査の旅に出る

次に取り組む事業を考える中で、真っ先に浮かんだのは医療分野でした。父が医師で、弟も医学部に進み、親戚にも医師が多い環境で育った私は、医療が非常に身近な分野でした。また、高校時代の同級生にも医学部に進学した者が多く、医療は自分にとって親しみのある領域でした。

医療分野のアプリであれば、身近な人々に実際に使ってもらえる可能性が高く、彼らの抱える課題を解決できると考えました。また、この分野であれば医療従事者である父にも理解してもらえるだろうという思いもありました。こうして、まずは自分の興味と縁のある医療分野に目を向けることにしました。

とはいえ、当時の私には資金が50万円しかなく、医療に関する知識もほとんどありませんでした。そこで、できることから始めようと思い至り、最初に着手したのは医学生向けの事業でした。過去に成功体験のあったインターン支援事業の手法を応用し、医学生が研修医になる際に活用できるサービスをつくることにしました。ただし、今回はペット事業の失敗を教訓に、徹底的なリサーチを行うことにしました。

50万円を使い、北は旭川医科大学から南は琉球大学まで全国82の医学部を訪問し、医学生にヒアリングを行いました。「就活でどんな情報が必要か」「困っていることは何か」と聞きながら、得られた情報をもとに「HOKUTO resident」を開発しました。

２０１８年1月にリリースしたこのサイトは、全国行脚で出会った医学生たちが学年ＬＩＮＥで情報を共有してくれたことで、一気に利用が広まりました。結果、現在では全国の医学生の9割が利用するサービスへと成長しました。しかし、順調に見える一方で、サービスを持続可能な形にするための課題に直面しました。医学生や医師が抱える課題を解決するためには、サービスを長期的に提供できる仕組みを整える必要がありました。投資家から追加資金を調達し、再び全国を回りながら医師のニーズを徹底的にリサーチしました。

結果、医師が現場で必要とする最新情報を提供するアプリとして「ＨＯＫＵＴＯ」をリリース。国内の医師の３人に１人が利用するサービスに成長し、医師が現場で役立つ情報を確実に得られるよう、製薬会社とも協力し、医療現場のニーズに応える形で情報提供の仕組みをつくり上げました。ＨＯＫＵＴＯの歩みは順風満帆ではありませんでしたが、多くの試行錯誤を重ね、ようやく現在の姿にたどり着きました。

成功をつかむための3つの要素

私がここまで来られた理由を振り返ると、次の3つの要素が重要だったと考えます。

1つ目は「エフェクチュエーション」。これは今手元にあるリソースを活用し、小さな行動を積み重ねていく考え方です。起業当初、私には特別なスキルやビジョンはありませんでした。それでも、教授からのアドバイスや友人の協力といった自分の環境や人間関係を活かして、できることから1つずつ進めていきました。大きな目標を掲げるよりも、手元にあるものを起点に少しずつ前進する姿勢が重要だと考えています。

2つ目は「複利」。人間関係にも応用できる概念です。私は人と出会う機会を積極的につくり、誘われた集まりには必ず参加するようにしてきました。こうして広がった人間関係は、複利のように連鎖的に拡大していき、思いもよらないチャンスを運んでくれることがあります。たとえば、知人との会話がきっかけで次の出会いが生まれ、そこから新しい事業のアイデアやコラボレーションの機会が得られることもありました。この複利効果を意識することで、予想もしない形で成功への道が開けていくのです。

そして3つ目、何よりも大切なのが「行動」です。課題を認識していても、行動に移さなければ意味がありません。私はHOKUTO residentを立ち上げる際、医学生のニーズを知るために全国を回り、直接声を聞きました。時間も労力もかかるプロセスでしたが、実際に行動したからこそ具体的な成果を得ることができました。多くの人が「こうすればうまくいきそうだ」と考えるところで止まってしまいますが、その一歩先に進む行動力こそが成功の鍵だと思っています。

これらの3つの要素、つまりエフェクチュエーション、複利、行動を実践することで、特別な才能がなくてもやりたいことを形にし、成功をつかむことができると私は信じています。成功は決して一朝一夕に得られるものではなく、日々の積み重ねによって徐々に築かれていくものです。

HOKUTOはまだ道半ばの状態です。私たちの事業が本当の意味で成功と言えるかどうかは、これからの取り組みにかかっています。しかし、大学の教室の片隅でスマホゲームをしていた頃に比べ、今の私の人生ははるかに充実しており、やりがいを感じています。特別な才能がなくても、小さな挑戦を重ねてきました。今日の話が少しでも皆さんの参考になればうれしいです。

第7章

講義のポイント

1 経営者になりたいのであればすぐに会社をつくること。成功した起業家たちの多くは大学時代に起業して会社を大きくしている。

2 スタートアップ企業のほとんどが成功をつかむまでに10年以上かかっている。10年間興味を持って飽きずに続けられる領域を選ぶといい。

3 今手元にあるリソースを活用し、小さな行動を積み重ねていく考え方を「エフェクチュエーション」という。大きな目標を掲げるよりも、手元にあるものを起点に少しずつ前進する姿勢が重要。

4 人と出会う機会を積極的につくる。広がった人間関係は「複利」のように連鎖的に拡大していき、思いもよらないチャンスを運んでくれる。

5 何よりも大切なのは「行動」。課題を認識していても、行動に移さなければ意味がない。一歩先に進む行動力こそが成功の鍵である。

第8章

面白く生きたい人への一つの考え方

早稲田大学ビジネススクール 教授

入山章栄（いりやま・あきえ）

1972年東京生まれ。92年慶應義塾大学経済学部に入学、同大学院経済学研究科修了後、98年㈱三菱総合研究所に入社。2003年に退社して米国留学し、08年にピッツバーグ大学経営大学院より博士号取得、同年ニューヨーク州立大学助教授に就任。13年早稲田大学大学院経営管理研究科准教授、19年同大学教授に就任。おもな著書に『ビジネススクールでは学べない世界最先端の経営学』（日経BP）など。

これからの１００年をどう生きるか

２１１２年９月３日は何の日でしょうか、わかりますか？

「ドラえもん」の誕生日です。ドラえもんは、２１１２年９月３日生まれと設定されています。ということは、あと90年生きることができれば、「ドラえもん」の世界に行けるのです。

われわれの寿命は、テクノロジーにブレイクスルーがあったときに伸びる傾向があります。19世紀後半の産業革命を経て食べ物を十分に食べられるようになり、住環境が改善し病気が減って、人間の寿命は一気に伸びました。次にコンピューターが発達したとき、そして、つい最近ではインターネットが登場し世界中に情報が行き渡るようになって、また伸びました。

現在、グーグルはアルファフォールド（AlphaFold）というＡＩを使って、タンパク質の構造を完全に予見するモデルをつくっています。人間の身体は水分を除けばほぼタンパク質でできていますが、タンパク質にはたくさんの種類があって、それを解析しなければ、どんな病気に罹るか、どんなガンに冒されるかわかりません。その解析の精度がＡＩによって急速に上がっています。今、チャットＧＰＴやグーグルのジェミニなど生成ＡＩブームです。大変な勢いでＡＩ

の開発が進展しています。そんな中で、タンパク質の構造の解析と予測が非常に速いスピードで進むため、間違いなくわれわれ人類の寿命は伸びていきます。

現在の若者世代は100歳を超えて生きるでしょう。最低でも120歳まで生きるでしょう。そのとき、ドラえもんが生まれた時代にいるのです。ドラえもんに会えるわけです。同時に、それはけっこう大変ではないかとも思います。これまでの20年を生きる間にもいろいろな困難を乗り越えなくてはならなかったのに、これからその5倍を生きるわけですから。

若者が120歳まで生きるとき、これからの100年間を楽しく生きられる人と、楽しく生きられない人に分かれるだろうというのが僕の感覚です。

2018年にビジネス誌の「プレジデント」が、就活人気企業ランキングを掲載しました（※）。それによると、東大生・京大生が志望する企業は以下のとおりでした。1位マッキンゼー・アンド・カンパニー、2位野村総合研究所、3位ボストン コンサルティング グループ（BCG）、4位アクセンチュア、5位ベイン・アンド・カンパニー、6位三菱商事、7位A.T.カーニー、8位デロイト トーマツ コンサルティング、9位P&Gジャパン、そして10位がゴールドマン・サックス。ほとんどがコンサルティング会社です。今も大差ないでしょう。

「入山先生、このランキングをどう理解すればいいでしょうか」と聞かれたので、「超簡単だよ」

※調査対象：就活サイト「ONE CAREER」の2019年度卒業予定の東京大学・京都大学の学生を対象に、お気に入り登録企業（複数選択可）をもとに作成。2017年11月時点。

と話をしました。話のポイントは、本当の1位はマッキンゼーではないこと。実際に志望しているのは「起業」なのです。スタートアップです。

会社名ではないためにランキングには出てきませんが、東大生・京大生は起業したがっているのです。つまりマッキンゼーは腰掛けです。いきなり起業するのはリスクが高いし、やりたいことは簡単に見つからない。そこで30歳くらいまで腰掛けで勤めて、その間にやりたいことを見つけて、お金を集めて起業しようと考えているのです。そのときに必要な経営スキルや能力を身につける会社としてふさわしいのがマッキンゼーやＢＣＧだと思っているわけです。実際に、マッキンゼーやＢＣＧを経て起業する人が大勢います。

僕は起業が偉いとは思わないし、起業だけが素晴らしい人生の扉を開くなどとはまったく思いませんが、少し興味があるのが、そんな若者たちは、どうしたらこの１００年をハッピーに生きられると考えているのか、何をやりたいと思っているのか、ということです。

「ボーン・グローバル」の時代

人生１２０年時代に、今の若者はこれからの１００年を楽しく過ごせるでしょうか。

ここで、僕の周りで素敵に生きている人たちが、どんな生き方をしているかを紹介しましょう。

1人は、ソラコムという、今日本で最も注目されているスタートアップ・ベンチャーを創業した玉川憲《けん》さんです。ソラコムはIoTプラットフォームを提供する会社で、つい2カ月前（2024年3月）に上場したばかりですが、やがてメルカリを超えて時価総額1兆円を達成するでしょう。もう1人は、20代の起業家のスーパースター、岩本涼《りょう》さん。TeaRoomという茶道のスタートアップを展開しています。さらに、起業家ではありませんが、自由に面白いことをしている川原卓巳さんです。今、日本発で世界一跳ねているネットフリックスのコンテンツは近藤麻理恵（こんまり）さんの『片づけの魔法』ですが、そのプロデューサーで、こんまりさんの夫です。

こうした人たちの共通点は、視点がグローバルであることです。今、世界の経営学では、「ボーン・グローバル・ファーム（Born Global Firm）」や「ボーン・グローバル・アントレプレナー（Born Global Entrepreneur）」という考え方が流行っていますが、かつて会社がグローバル化するには30〜40年かかりました。トヨタもホンダも日産も、最初の数十年は国内で成長し、実績が出たあとで海外に進出しました。ところが、今は創業するといきなり海外に出る、ボーン・グローバルなのです。

ウーバー（Uber）もエアビーアンドビー（Airbnb）も同様です。日本からはメルカリが出ました。玉川憲さんのソラコムも完全なグローバル企業で、ヨーロッパの仕事をニュージーランド在住の人が担当するという具合で、海外拠点にいながらオンラインで議論し、いきなりグローバル化する。今はそんな時代で、この傾向はこれからますます加速します。

つまり、楽しく生きるための1つ目の視点としては、ボーン・グローバルの感覚を持つことが重要です。なぜボーン・グローバルが進んでいるのかといえば、世界でビジネスをするときのプロトコル（共通言語）が整ってきたからです。次の4つのプロトコルのうち3つほど身につければ、すぐに世界に出て行くことができます。

グローバルに活躍するための4つの共通言語

まず「英語」です。チャットGPTによる通訳・翻訳で英語を使ったコミュニケーションがとても楽になりましたが、やはりいちいち通訳や翻訳に頼っていては意思の疎通はスムーズに進みません。だから、英語を身につけなくてはなりませんが、下手くそでいいのです。

日本人はアメリカ人と同じ発音で話さなくてはいけないと思っていますが、まったくそうではありません。僕はアメリカに10年ほど住んでいたのでよくわかります。世界で最も普及している言語は「ノンネイティブの下手な英語」です。下手な英語でかまわないのです。「ノンネイティブの下手な英語」が1つ目のプロトコルです。

2つ目は「プログラミング」です。これからノーコード時代になっていくので、どこまで必要なのか判然としませんが、プログラミングが世界の共通言語であることは変わりません。パイソン（Python）はどこに行ってもパイソンだし、ジャバ（Java）はどこでもジャバです。

プログラミングの背後にあるのは数学です。つまり、世界で最も役に立つ共通言語は英語ではなく数学なのです。数学が私の勧める3つ目のプロトコルです。

僕はアメリカの大学の博士課程に入ったとき、英語がとても下手でした。今もうまくはありませんが、当時はまともに話すことができなかったので、黒板に数式を書いて説明していました。「プロフェッサー、あなたが言いたいことはこうですね」と数式に置き換えるとわかってもらえました。必要な数学はちょっとした微積分と行列です。今、流行っているデータサイエンスの基礎は行列ですから、数学はきちんと学んだほうがいいのです。

4つ目のプロトコルは「表情」です。表情によるコミュニケーションが重要です。オンラインで言いたいことを相手に伝えるのは難しいものです。しかし、これから世界で活躍するにはオンラインでのコミュニケーションが必須です。表情は、世界共通の言語として今後ますます重要性が増します。

これらのプロトコルを2つか3つできれば、すぐに国際的に活動できます。今、世界で一番多くグローバル人材が集まっているのはシリコンバレーとインドですが、これからはインドの時代だといわれます。インド人は英語ができて、数学に強く、プログラミングができる。だから世界中の企業が今インドに集まっているのです。

若い人たちは、ぜひ必要なプロトコルを身につけて、ボーン・グローバルの視点で活動してほしいと思います。

大事なことは非常に狭い世界で決まっている

一方でお話ししておきたいのは、世界の大事なことは狭いところで決まっているということ。これは僕の実感です。

「デジタルの時代だから、必要な情報は世界中どこにいてもネットで得られる」と言う人がいますが、それはまったくの嘘です。逆に考えるべきです。ネットに流れている情報は、世界中の誰でも知ることのできる情報だから価値がないのです。本当に価値があるのはネットに出てこない情報です。

たとえば、経営者が「近いうちに彼をクビにしようと考えている」「新事業をやりたいからA社の買収を計画している」「今度、彼をCFOで採用したいと思っている」などと計画していても、その情報はネットには絶対アップされません。こうした情報は、その経営者と一緒に食事をし、場合によってはお酒を飲んで、本当の信頼関係を構築してからでないと得ることはできません。そして、こうした情報がビジネスのトレンドを決めてしまうのです。

シリコンバレーに行くと、じつに狭いコミュニティで物事が決まっていることがわかります。サンドヒルロードという場所がシリコンバレーにあります。スタンフォード大学のそばの、中学校の校庭のような場所です。そこにクライナー（Kleiner）、タイガー（Tiger）、セコイア（Sequoia）など世界のスーパーベンチャーキャピタルが集まっています。狭くて汚い建物ですが、そこから近くのスターバックスに行って、仕事の悩みや最新情報を信頼関係のある人と一対一で話し合い、世界のビジネスを回しています。

今のテックの世界は、中学校の校庭のような場所で決まっているのです。そこに入り込めなければ本当の情報は得られません。僕は入り込めていません。日本人で入り込めているのは２人ぐらいでしょう。

日本でも大事なことは同じように決まっています。ある著名な経営者が、麻布台ヒルズに家を買いました。そこに3カ月に一度くらい、起業家たちを20人ほど集めて、サンドイッチを食べコーヒーを飲んで、さまざまな会話のやりとりをしています。その場で今後のビジネス展開を決めるのです。

このように、大事なことこそ非常に狭い世界で決まるので、面白いことをやりたいときには、そうしたインナーサークル・コミュニティに入り込むことをぜひ考えてください。その狭いコミュニティは都会ではなく、地方にあるのかもしれません。

東京の最大の問題は楽しすぎることです。シリコンバレーは超ど田舎で、そこでは仕事しかすることがありませんが、東京で起業して成功すると、稼いだお金で西麻布に行って遊びます。だから日本のスタートアップはその後伸びないのです。

日本のスタートアップの最大の課題は、上場したあとで伸びないこと。伸びているのはメルカリぐらいです。成功すると小金を持って遊んでしまいますから、遊び場の少ない地方で仕事に取り組む人のほうがビジネスを伸ばせるのではないでしょうか。東京にパイプを持ちながら、地方で起業する人が成功します。

ビジョンにこだわる必要はない

今、ビジネスでは「ビジョン」が大切だとされています。企業も「パーパス経営」が言われ、とにかく未来へのビジョン、パーパスに向かって一生懸命取り組むのが大切だという流れがあります。たしかにそれは大切ではあります。

イーロン・マスクのビジョンは「世界の人類を救う」というもので、そのために火星に行こうとしています。テスラとスペースXの内情を聞くと超ブラック企業なのですが、それでもイーロン・マスクのビジョンに共鳴して多くの人が集まってくる。ただ、僕はビジョンを掲げることだけが大切ではないと思っています。

僕にははっきり言ってビジョンがありません。その代わりいろいろなことをして、今とても幸せです。一方、同じ世代や40代で大企業で働いている人が、「人生が楽しくない」「仕事がつまらない」「働きたくない」と言います。僕から見ると信じられません。

僕は特別な人間ではありませんが、ハッピーに生きている自信があります。なぜでしょうか。

まず、ビジョンを持って1つのことに突き進むだけが人生ではありません。大学生は就職活動で大いに悩むでしょう。しかし、「自分がやりたいことは何か」という自分探しをしても見つかるはずがありません。僕は大学時代に、将来早稲田大学の教授になって、さまざまなメディアに出て、いろいろな会社の経営に関わって、さまざまな出会いを体験するなどとは夢にも思っていませんでした。若者はこれから100年生きるわけですから、「今、自分がやりたいことは何だろう」とこだわる必要はありません。

さらに重要なことは、焦る必要はないということ。同級生や友だちが華々しく活躍している、あるいは若くしてメディアに取り上げられているのを見て焦る人がいますが、まったく焦る必要はありません。20代で結果を求める必要はありません。

20代や30代で若くして大成功をつかむ人は大体失速します。僕は、20代、30代はいろいろともがくのがいいと思っています。全然焦らなくていいのです。重要なポイントは、「ビジョン」と「バリュー」という考え方です。

「ビジョン型の人」と「バリュー型の人」

多くの人が、「将来の目標」「自分は何になりたいか」などビジョンを考えます。もちろんビジョンは大事ですが、一方にバリューがあります。「価値観」です。

バリューとは、「特別やりたいことがあるわけではないが、なんとなくこういうことが好き」「こういう人と仕事していると楽しい」「こんな働き方をしているとハッピーだ」というような、目的というより「やりたいこと」です。ビジョンを動詞的だとすると、バリューは「楽しい」「面白い」など形容詞的です。

世の中には「ビジョン型の人」と「バリュー型の人」がいます。もしイーロン・マスクになりたいなら、絶対にビジョン型を目指すべきです。スタートアップは、成し遂げたいことがあって、それに突き進んでいかなければ、仲間を引っ張ることができません。ビジョン型でなければ不可能です。

一方で今、日本にはバリュー型の人が多くいます。僕は典型的なバリュー型で、好きな言葉は「面白い」です。たぶんホリエモン（堀江貴文さん）もそうです。いろいろなことをやって楽しそうです。

ビジョン型もけっこうですが、バリュー型でさまざまなことに手を出して面白がることをお勧めします。今は「ビジョン、ビジョン」と言い過ぎてビジョン疲れしています。みんな就職活動でビジョン疲れしてしまうのです。バリュー型で自分の価値観に従って楽しく生きるという生き方もあるし、これからはバリュー型の人が活躍する仕事が増えると思います。

「勘」で決める能力を磨く

私が若い人たちに強く願うのは、「とにかく親の言うことを聞いてはいけない」ということです。今は非常に変化の激しい時代なので、親の言っていることはほぼ間違っています。僕の言っていることも間違っている可能性があります。時代が違うのです。

父親や母親をリスペクトしてほしいとは思いますが、やはり感覚が古い。ＳＮＳをやっている人はいるかもしれませんが、TikTokは見ないし、ましてやＡＩなどよくわからないでしょう。皆さんはこれからＡＩを徹底的に使う世代です。そう考えると、親の言うことはほとんど間違っている。僕も息子に「俺の言うことは信じるな」と言っています。

これからは「勘」で決まる時代です。論理はいりません。論理は全部ＡＩがやってくれますから。大学で習う論理的なことは基礎知識としては知っておいたほうがいいけれども実践では必要ありません。全部チャットＧＰＴなどＡＩがやってくれます。その代わり必要になってくるのが「勘」で決める能力です。

僕は早稲田大学のグローバルビジネススクールで「グローバル経営」という授業を受け持っていますが、その期末試験の問題をチャットGPTにつくらせてみました。すると、僕より断然いい問題をつくるのです。ということは、学生でもチャットGPTを使えば、僕よりいい問題をつくることができるわけです。

一時期、東京大学が学生にチャットGPTの使用を禁止しましたが、どうせみんな陰でレポート作成に使うでしょうから意味がありません。僕の授業では、2024年の期末試験から完全にやり方を変えました。それまで1週間の期限でレポートを書いて提出してもらっていたのを、80人全員、面接に変えました。テーマは「正解がない中で意思決定をする」です。3人1組で部屋に入ってもらい、ある経営の実例を読んで1分で判断し、なぜそう思うかを説明するというものです。たとえばこういう問題です。

〈あなたがCEOとして経営している会社は売上1500億円、営業利益率2%の独立系自動車サプライヤーである。主にエンジンの配管などを日系の自動車メーカーやBMW、ルノーなどに納めている。東証プライム上場企業だが、利益はほぼ横ばいでPBRは0・64と低迷中。

20年前に先代社長が買収したドイツ企業は売上200億円で赤字続き、20年前に中国でゼロから立ち上げた子会社も赤字続きである。どちらかを売却、あるいは清算する意思決定を社外取締役から求められている。

ドイツ企業は重要顧客を抱えているが、経営陣や従業員にやる気がない。中国の子会社はやる気はあるが、ＥＶ化が進む中、事業の先行きがまったく読めない。2社とも売却したいのだが、投資銀行経由で売ろうとしてもボロボロの案件なので売却先が見つからない。お金をかけて清算することも考えられる。さて、あなたが経営者ならどうするか？〉

「決める能力」を高めよう

じつはこれは、実際に僕が関わっている会社の例です。これを1分で考えさせて、すぐに答えを出させます。ほとんどの学生が清算したがります。「売却先が見つからないので清算します」と言うのですが、「清算にいくらお金がかかると思っているのか」と問い詰めていきます。

僕も正解を知りません。しかし現実の経営はこういうものです。実際には1分では決めませんが、1時間の会議で決定するので、ほとんど勘です。最後は「えいやっ」とやるしかない。

試験で「勘」をどのように採点するのかといえば、回答の内容は関係ありません。自信を持って答えを言い切れて、僕を言いくるめられるかどうかです。

これからの時代は、正解があることはすべてＡＩがやってくれるので、正解がないことを勘で決めて、決めたら周りを言いくるめて実行する能力が必要です。これはＡＩには絶対無理です。どんなにテクノロジーが発達しても無理です。

ＡＩの基本はディープラーニングで、正解を見つけるのは得意ですが、正解がない中で決めることはできない。最後は人間が決めるのです。そして周りを言いくるめるのも人間でなければできない。この能力を上げることが重要です。

さて最後に、「どうすれば楽しい人生を送ることができるか」ということですが、じつは確かな研究の成果があります。楽しい人生を送る人、つまりウェルビーングが高い人とは、「自分で自分の人生を決めていると思えている人」なのです。親の言いなりではなく、先生の言いなりではなく、上司の言いなりではなく、間違ってもうまくいっていなくても、「自分で決めている」という感覚を持てる人が非常にウェルビーイングが高いのです。

人間というのは、最後に決める生き物なのです。ぜひ、決める能力を高めてください。

第8章

講義のポイント

1 人生120年時代を楽しく生きるための1つ目の視点は、創業していきなり海外に進出する企業のように「ボーン・グローバル」の感覚を持つこと。

2 世界でビジネスをするときのプロトコル（共通言語）は、「ノンネイティブの下手な英語」「プログラミング」「数学」「表情」の4つ。

3 大事なことこそ非常に狭い世界で決まるので、面白いことをやりたいときには、インナーサークル・コミュニティに入り込むことを考える。

4 生き方には、成し遂げたいことに向かって突き進むビジョン型と価値観を大事にするバリュー型がある。今後は自分の価値観に従って楽しく生きる生き方やバリュー型の仕事が増える。

5 これからの時代は、正解があることはすべてAIがやってくれるので、正解がないことを勘で決め、周りを言いくるめて実行する能力が必要になる。

第9章

第二創業で目指す経営

株式会社 良品計画 取締役会長

堂前宣夫（どうまえ・のぶお）

1969年山口県生まれ。93年東京大学大学院工学系研究科を卒業後、マッキンゼー・アンド・カンパニー入社。98年㈱ファーストリテイリングに入社、取締役、執行役員として、サプライチェーン、ITデジタル、経営管理、海外事業、マーケティングなどを率いた。2019年㈱良品計画に執行役員・営業本部長として入社、21年代表取締役社長に就任。就任時に「第二創業」と位置づける中期経営計画を発表。24年11月より現職。

「感じ良い暮らしと社会」の実現に貢献

私は大学卒業後、マッキンゼーという経営コンサルティングの会社で働き、その後、ファーストリテイリングに入社し、そこでサプライチェーン、ITシステム、マーケティング、Eコマース・デジタル、生産、海外事業、経営管理などほとんどの分野の仕事に携わりました。15年ほど経ったときに、規模の実現を通じて社会に貢献するというのではなく、「社会に直接的に貢献する仕事」について考え始めて悶々とする時期があり、会社を離れることにしました。その3年後、無印良品を展開する良品計画に出合って入社を決めました。

無印良品の誕生は今から約45年前の1980年です。バブルの少し前の時期、マーク（印）を付けたブランド品が高値で売れていたのに対し、ブランドマークがなくても本質的に良いものを工夫してリーズナブルな価格で提供することは価値が高いのではないか、そんな観点からつくられたのが無印良品でした。現在、海外も含めて売上が6000億円超、利益が500億円弱という状況で、順調に成長しています。

2021年から「第二創業」を標榜し、都会だけでなく地域のスーパーマーケットと共に地元の生活に役立つ存在になることを指向して店舗を増やしています。生活の基本カテゴリーをすべて揃え、食品スーパーと無印良品の店があれば生活に困らないという業態を目指しています。

第二創業にあたり、企業理念を再定義しました。〈良品計画は、「人と自然とモノの望ましい関係と心豊かな人間社会」を考えた商品、サービス、店舗、活動を通じて「感じ良い暮らしと社会」の実現に貢献する。〉――ここで言う「感じ良い」とは、雰囲気やセンスが良いということではなく、どこにもしわ寄せがないという意味です。そんなバランスのとれた社会を実現する事業活動を行っていきたいと考え、2つの使命を定義しました。

1つ目の使命は、生活の基本を支える商品やサービスを適正な価格で提供すること。もう1つの使命は、展開する店舗によって〝本業として〟地域の活性化に貢献することです。これら2つの使命の相乗効果によって、収益をしっかりあげながら、社会貢献・地域貢献する、というモデルをつくっていこうと考えています。

その実現の上で、会社の根本方針として、「社会や人の役に立つ」という観点から、資源循環型・自然共生型の社会の実現に貢献することを目指します。働いている一人ひとりが社会の課題を感じ取り、それをすべての商品と活動に反映していきます。

そして、会社の経営方針としては、「公益人本主義経営」を掲げました。世の中の経営方針には、会社を金融商品ととらえて、会社に投資をして収益をあげることを中心に据えた金融資本主義経営という考え方もあれば、それとは距離をおいた公益人本主義経営があると思っています。当社は、売上や利益の数値目標から思考をスタートするのでなく、働くスタッフ一人ひとりを中心に据え、一人ひとりによる社会への貢献からスタートし、その貢献度合いで競争にも勝ち、結果として売上と利益を得る、という考え方で経営をしていこうと考えているのです。

本当に社会のためになっているのなら、売れて当然、儲かって当然です。もしそうなっていないのだとすれば、社会に対する貢献ができていないからです。貢献しているつもりが自己満足に陥っているのです。地域に本当に貢献し、結果として大きな収益をあげ、そして適正な株主還元を行う。そのような形で企業の価値を向上させていきたいと思っています。

さらに、社会を良くしていく事業活動においては、お客様と会社の関係についても、顧客と供給者という関係を超えて、日常生活や地域を良くする協力者・パートナーであり、企業活動にガバナンスを効かせる顧客株主であり、さらに資源循環においては原料や商品を供給する顧客兼サプライヤーでもあるという、社会インパクトの「共創」に向けた新しい関係・枠組みで進めていきたいと思っています。

以上述べたことは、次の5つにまとめられます。

1．1つ目の使命として、あらゆる人の日常生活の基本を支える商品を提供する。

2．2つ目の使命として、地域の活性化に貢献する。

3．会社の根本方針として、資源循環型・自然共生型の社会（サステナブルな社会）を目指す。

4．経営方針として、公益人本主義経営を実践する。

5．社会への良いインパクトを共創する。

当社は、この5つをポイントに、先に挙げた企業理念の実現に向けて進んでいます。

私はこれらの考え方を社内に浸透させるため、3年ほど前から「良品計画での経営の原理原則」という人財育成のセッションを行っています。

小売業には商品経営、店舗経営、管理経営という3つの軸があります。それらの軸の中で、どのような価値観・考え方・行動で実現するべきか、良品計画の経営の原理原則として書き出すと160くらいの項目になりました。それらを、ほぼ隔週、1回数項目ずつ、経営幹部だけでなく、若手管理職、ブロックマネージャー、シニアの店長くらいまでの幅広い人材を対象に項目ごとに議論してもらい、各項目の最後に直近の社内の事例に当てはめて私が話をする、という形で社内に浸透させていこうとしています。

ここからは具体的に、企業理念の実現に向けた5つのポイント、それぞれについて、私がセッションで話している内容をもとに述べていきましょう。

商売を通じて社会を豊かに

1つ目のポイント、良品計画の第一の使命「あらゆる人の日常生活の基本を支える商品を提供する」は、高品質の商品を、誰でも手に取りやすい価格で、サプライチェーン（原材料調達から生産管理・物流・販売まで）のどこにもしわ寄せなく、しっかりとつくって提供していく活動です。言ってみれば、これまでの無印良品の本業です。

たとえば、品質の良いタオル。サプライチェーン上で働く工員さんにも、地域の工場にもしっかりと収入や利益を残しながら手に取りやすい小売価格で提供する。これはなかなか難しいものです。展開する色を絞る、または色をつけない、需要変動に左右されず毎日同じ商品、同じ量をつくり続ける、などいろいろと工夫しながら、どこにも無駄が生じないように生産を平準化して実現します。アパレル業界でクイックレスポンスと言われる、需要に応じて短い周期で生産を変更する取り組みの真逆です。少し長めの期間で需要を見て、じっくりコツコツと安定製造することで、無駄な社会コストや環境コストを抑えていく取り組みです。

通常、メーカーが商品をつくって小売店に卸し、小売店は商品を仕入れて売場を工夫して販売します。企業間で役割分担が行われています。当社は製造小売業なので、社内には、メーカーに相当する商品部、小売業に相当する販売部があります。しかし、メーカーという観点で見ると売り先が自社店舗しかないために、各商品での生産規模が小さく競争力がつくりづらい。小売業という観点で見ると、仕入元が自社商品部しかないため、商品バリエーションの幅では競争できない。すなわち、われわれにとっては、商品部（メーカー）と販売部（小売業）のそれぞれが別々で頑張るのではなく、製造と小売がつながっている強みをフルに発揮することが必須となります。

商品部（つくる人）と販売部（売る人）を分業するのではなく、あたかも一人の人間がモノづくりから販売まで一貫して行うという考え方での組織運営が必須となるのです。商品部と販売部を、メーカーと小売業に位置づけて組織運営すると、われわれの会社はまったく競争力のない会社になってしまいます。われわれの業態の組織運営上での重要なポイントがここにあります。商品部や販売部など、部署ごとのクリアな役割分担よりも、全社の目的やミッション、価値観の共有が大事。部署は違えど全員が顧客視点で全社最適だけを目指し、各人が自律的に判断して動く組織。事業の競争力確保の特性上、このような組織と組織運営が必須なのです。

多くの企業は、どうやれば儲かるか、を中心に考えがちですが、当社の経営はそうではありません。商売を通じてどのような未来を実現したいのか、本当に豊かな社会・生活とは何なのか、そこから考えます。「儲かるからやる」という発想ではなく、「サステナブルで豊かな社会とは何かを考え、商売を通じてそれを実現することが商品経営なのだ」とこのセッションで話しています。事業は社会を良くするために存在しているのだ、とはっきりと伝えています。繰り返しになりますが、社会に対して十分な価値を出していれば、必ず売れて、儲かります。売れない、儲からないというのは、社会に対する貢献が不十分なのです。

世の中には「こんなものがあったらいいけど、こんなことがあるからできない」ということがたくさんあります。その課題を解決することが仕事であり、「今年100売れたので来年は頑張って105売ります」とか、「今の売上のトレンドからすると毎年3％伸びているので来年も3％伸ばします」といったことは、仕事ではない。内向きすぎる話だと思っています。どれくらい社会に貢献できるのかを考えることこそが大切なのです。

当社は、「日常生活の基本を支える商品群」を提供するという考えに基づき、これまでも衣服、食品、家具などを扱ってきましたが、全国津々浦々のさまざまな地域に出店するための新しい商品領域が必要になっています。

世の中の多くの人々は、服は服の専門店、日用品はドラッグストアや百均ショップのような日用品の専門店で買っていますが、これから過疎化が進んでいくと、売上規模が小さくなって儲からなくなったり、日用品だけの専門店では効率が悪くなったりということで、町から撤退していく可能性があります。しかし、われわれは最後まで残る。地場の食品スーパーと無印良品の店だけになってもその町での生活が成り立つようにしたい。その実現のために、今、無印良品においても日用消耗品を含めた商品を加えていっています。売上成長のために新しいカテゴリーを広げているのではなく、生活の基本を担うために、取り扱う商品カテゴリーを広げていっているのです。

コープさっぽろも、過疎化が進む地域の町でも最後まで残る、としていますが、良品計画の考え方もそれに近く、われわれは日用品や、コープが扱っていない衣服までを手がけていきます。結果として、食品スーパーと無印良品があれば生活に困らない、こういったことを実現できる業態を目指しています。その上で、その商品づくりに4つの軸を設けています。

商品づくりの4つの軸

4つの軸とは、①地球環境を維持する商品、②社会課題を解決する商品、③生活者個人の個性が輝く商品、④文化や伝統から学ぶ商品です。

①「地球環境を維持する商品」とは、まず天然素材を使った商品です。天然のものは自然の力で必ず循環します。商品においてわれわれは、自然の力を借りる、自然の力を生かすということを中心に据えます。ただ、どうしても石油由来のプラスチックを使わざるを得ない場合、あるいは使ったほうがよい場合には、販売した商品を100％回収してリサイクルしたい。それができるように原料からモノマテリアル（単一素材）化していこうと思います。1種類の原料で商品をつくり、それを店で100％回収して何度でも使うのです。それに向けて商品の仕様を全部つくり変えようとしています。

②「社会課題を解決する商品」とは、お客様が購入してくれた結果として、社会の貢献に役立つ、地域の経済発展に役立つ商品です。これについては、④「文化や伝統から学ぶ商品」をからめて述べましょう。

④「文化や伝統から学ぶ」とは、いろいろな地域や国に埋もれている知恵を生かしながら、本当にいいものをつくっていくことです。

たとえば、無印良品では竹のランプシェードを1990円で販売しています。これは、東南アジアの農村で家庭の主婦など数千人をネットワーク化し、収益を地元に還元している良心的な経営者と契約し、その工場でつくっています。

竹は放っておくとどんどん伸びて、ときには害にすらなりますが、処分するにはお金がかかります。これを回収して地場伝統の籠を編む技術を学んだ人たちをネットワーク化し、センスの良い商品をつくって収益につなげています。それが農村の人たちの生活の糧になり、地域の産業になり、発展につながります。社会課題である竹という素材を用いて地場伝統技術の竹編みのわざを活用して商品化することで、地域の課題を解決し、農村の収入につながると同時に、都市の生活の中で温かみを提供する商品となる。こういったことを目指しています。

③「生活者個人の個性が輝く商品」とは、商品の個性が輝くのではなく、生活者の個性が輝くような商品です。新商品を開発するときには、開発者はシンプルなものとはいえ、かっこいいもの、デザインにこだわりを持ったものをつくろうとしがちです。開発者のデザイン実現のために不要にコストがかかってしまうのではなく、生産の視点や生活の視点を重視して、開発者の小さなエゴを排除し、不要なエネルギー、すなわちコストをかけることなく、環境に優しい商品をつくっていきます。この考え方が「生活者個人の個性が輝く商品」につながります。

地域の課題解決が店舗経営の原動力

続いて2つ目のポイント、良品計画の第二の使命「地域の活性化に貢献すること」についてです。

店舗経営というと、販売オペレーションや人件費管理がテーマになりがちですが、私は「店舗の経営の前に地域の発展だ」と話しています。「店舗経営は地域の繁栄と共にある。地域の魅力が高まり、地域の経済がまわり、地域が発展して初めて店舗の経営もうまくいく」という考え方です。

自分たちが儲かるだけ、はありえません。まずはその地域の発展にどれだけ貢献するかを考えます。出店に際しては、「ここには儲かっているお店があるので、うちも出そう」という考え方はしません。その町の人たちの将来ビジョンに対してどんな貢献ができるかを考えてから行動します。その地域の課題の解決に貢献したいという思いが店舗経営の原動力であって、儲けたい、売りたいが原動力になってはいけない。地域を活性化すると同時に店舗が繁盛する。これが店舗経営です。

ただし、地域の発展に貢献できていても繁盛しなければ店舗は継続できません。店舗経営にとっての利益は人間にとっての空気のようなもので、利益を目的にするべきではないものの、利益が出ないと店は死んでしまいます。あくまで事業によって地域を発展させることを中心に活動しますが、利益がないと生きていけないので、必ず利益は出します。地域への貢献度が高ければ、当然、利益も大きくなるはずです。利益が小さいということは地域への貢献度も小さい、という見方をします。しかし気をつけなくてはいけないのは、利益が大きいからといって、必ずしも地域への貢献度が高いとは言い切れない。これが大事です。

「出店したお店はその地域で世界一」になることを目指します。無印良品の店舗は世界に1000店以上ありますが、その地にある無印良品の1店舗はその町の人にとっては100%の無印良品で、それ以外の地域に900店あろうが1000店あろうが関係ありません。その町に住んでいる人たちに、「わが町の無印良品は世界で1番だ」と思ってもらえるようにならなくてはいけません。チェーンストアは、いい店・悪い店があり、収益性の悪い店があっても少々妥協するという運営をしかねませんが、当社は1店舗残らずその町の人々のためにも完璧にしようという方針です。

出店はその地域に新しい事業を立ち上げて産業と雇用を生み出す、という考え方で行います。

不動産を確保し店舗を開いて儲けるという考え方とは異なります。この点が公益人本主義経営の「公益」につながると思っています。

そして、出店したからには未来永劫閉店せずに、その地域で事業を継続します。地域に貢献すると言いながら「やっぱり儲からないからやめます」とならないように、合理的な家賃で出店します。大家さんも儲かり、店子であるわれわれもきちんと収益があがるウィンウィンになる家賃で出店します。どちらかにしわ寄せがあると続きません。出店は未来永劫居られるのか、という観点で決めます。

地域の課題は店舗ごとに異なります。本部でその課題を全店一律で解決することはできません。ですので、地域の課題にはそれぞれの店長が取り組むことになります。その場合、逐一上司に相談していると何も決まらないので、店長は社長の代理として自分で決めて動くべし、という方針です。

これも公益人本主義経営につながる話ですが、店長がキャリアの最終目標になるような会社になりたいのです。無印良品は人口10万人ほどのエリアに1店舗を展開していっていますが、1店舗で10億～15億円を売り上げるようになれば、その地域にとってはそれなりの大きな規模の事業体になります。そこで店長が社長の代わりに判断できれば、市長や町長とも地域の課題解決について話し合いができます。今はまだ普通の小売店の店長かもしれませんが、究極的には町の発展に貢献できる店長になってほしいのです。

そのため、店舗スタッフも町のリーダー候補として採用し、成長を期待しています。アルバイト社員もパート社員も同様です。スタッフが「言われたことをやります」という姿勢では、お店として地域に貢献できなくなるので、その人がリーダーとして成長することを大前提に入社していただくのです。

コミュニティセンターになることを目指す

極端な話、究極的には、日用品は同じような工場で同じようなプロセスでつくれば、他社であってもほぼ同じ品質で同じ価格に収斂されていきます。日用品は他の商品カテゴリーと異なり、商品だけで差別化するというのは時間とともに難しくなっていきます。とくに情報インフラや情報流通の発展した現代では、情報の格差や非対称性や時間差はあっという間に消滅し、差別化の源泉ではなくなってしまうのです。

しかし、無印良品の店に行けば、友だちに会えて、趣味や文化活動もできて、健康相談もでき、社会貢献活動にも参加できる。さらに、さまざまな活動を通じて無印良品は町の役に立ってくれている。そうなれば、日常使いのタオルを買うなら無印良品で買おう、となってもらえるのではないかと思っています。この意味で、地域活性化の活動は非常に重要で戦略的な取り組みでもあります。

無印良品では、地域活性化活動を「土着化」と呼び、さまざまな取り組みを行っています。地域に産業があって自分の仕事があり、友だちがいて、健康の心配がなく、趣味もある、そんな豊かな生活の実現に向けた活動です。

まず、「コミュニティ」づくりです。無印良品の店舗はコミュニティセンターになることを目指します。地域の人たちが集まって交流したり、さまざまな趣味や文化的なイベントに参加したり、ボランティアなどの社会貢献活動にも参加できる、そんな場所にしたいと思っています。その町で生活している人々がお互いにつながってコミュニティとなる、その触媒のような場づくり、きっかけづくりを進めていこうとしています。

また、地元の個人事業主や企業にとっても魅力的な場になるようにしていきます。ありがたいことに、無印良品が出店するとお客様が集まってくださいます。われわれの軒先を地元の人たちに使っていただき、事業も行っていただけるようにしています。無印良品の持つ集客力を地場で頑張っている人たちに活用していただくのです。この取り組みは「つながる市」と呼んでおり、「つながる市」では店内の屋台もお貸ししています。地元の農園の人たちがぶどうを売ったり、工芸品をつくっている人たちが販売したりします。「つながる市」を目的に無印良品の店を訪れる人たちもいます。この取り組みはわれわれの事業にとってもとても効果が大きく、このような相乗効果が生まれる出店を目指しています。

「ヘルスケアの取り組み」も行っています。広島では「まちの保健室」で健康体操を行っていて、大勢の高齢者が参加してくださっています。ほかにも、乳がん検診や乳がんの課題について議論する会を開いたり、健康状態を測定する機械を置いて買い物のついでにチェックしてもらい、健康相談を受けたりしています。

その他、「地元の素材を生かしたレストラン事業」も実施しています。たとえば、千葉県の行政と連携した農産品直営店では、品物の販売だけでなく、地元の農産品でつくった食を提供します。また、広島では商品にならない小さな牡蠣をチャウダーに加工して販売しています。これは牡蠣を生産している地元の人たちとの協業です。

地域資源の活用という点では、「古民家を改装した宿泊事業」にも取り組んでいます。千葉県の鴨川では、古民家を改装した旅館に外国からも宿泊に訪れます。宿泊客は地域で食事をとることが期待できるので、将来は食を通じた地域の活性化に貢献できるのではと考えています。

資源循環型、自然共生型の社会を実現

続いて3つ目のポイント、会社の根本方針「資源循環型、自然共生型の社会の実現への貢献」についてです。

近年、グローバル・サプライチェーンという言葉がよく聞かれます。「グローバル製造小売業」といわれ、グローバル視点で品質の良い素材を世界中から選定の上最も安く調達し、大量に集約して生産を行い、世界中で同じ商品を効率的に販売している事業です。これがグローバル・サプライチェーンのモデルです。このモデルは、生産地である発展途上国の発展に貢献しつつ、先進国での生活向上に役立つという意味で、社会的価値のある事業モデルだと思います。われわれが目指しているのは、このモデルに加え、「地産地消型のサプライチェーンモデル」の組み立てです。

たとえば、地域の各家庭にあるプラスチックを回収し、溶かして加工し、再びプラスチック商品にして、その地域で使う。あるいは、地域で収穫した農産物を現地で商品化し、その地域で食べる。このように飛行機や船で遠くまで運ぶ物流をできるだけ減らした、グローバルではない、

地域分散のサプライチェーンモデルもつくっていきます。

自然共生型という点では、天然素材の活用を進めています。たとえば、東南アジアに自生するカポックという木の実を割ると中から綿のようなものが出てきます。この綿よりも軽いといわれる素材でつくった服を販売しています。自然に生えているものを集めて商品化できると、無駄なエネルギーを使わずに自然循環ができます。ほかにも、ベトナムやカンボジアの水草を乾かしてうまく処理すると籠の材料になります。これはウォーターヒヤシンスという商品名で販売しています。このように自然素材をフル活用していきたいと考えています。

さらに、当社では販売したものを回収して加工する「ReMUJI」という活動を行っていて、たとえば回収した服を藍色・黒などに染め直し、日本の染色産業に貢献しながら販売しています。

「公益人本主義経営」の実践

次に4つ目のポイント、会社の経営方針「公益人本主義経営の実践」についてです。

実業家のユベール・ジョリー氏は著書『ハート・オブ・ビジネス』の中で、「ビジネスはそもそも金儲けが主ではない。存在意義の実現がビジネスである。そして、それをやろうとする人が第一で、次にビジネスがあって、結果として業績がある」と述べています。当社ではこの考え方にならい、この1年ほど「店舗経営は人が第一、次にビジネス、結果として数字はついてくる」と言い続けています。最近では店長が中心となって行動することによりスタッフにもこの考え方が浸透しつつあり、店舗現場での行動につながり、結果としての業績数値成果にも現れてきています。

並行して社内の制度も変えました。その1つが短期の業務評価ボーナスの廃止です。業績は運不運もあるので業績によって報酬が変わるのはおかしいという考え方で、人としての成長度合いによって報酬額を変えることにしました。「人が第一」に変えたのです。

コオウンド経営（Co-owned経営＝社員が株主として会社のオーナーになる）も導入し、社員が経営に統制をかけられるようにしました。社員持株会制度では、たとえば給与のうち1万円分で自社株を買うと、そこに会社が5000円分を追加して1万5000円分の株が買えます。つまり自社株を安く買える制度で、株価が上がれば社員の資産が増えます。株を購入した社員は、会社の方向が間違っていれば株主として声を上げることができます。

人事は人本主義経営の根幹だと思います。人事の仕事では、「個別具体的な社員一人を中心に据えて仕事をすることが人事部門の本筋の仕事である。平均的な社員向けの制度をこねくりまわすことは仕事ではない」と考えます。人事においても、人事制度や組織設計のような「ビジネス」を中心に置くのではなく、「人を第一」に一人ひとりを中心に据えることを徹底しようとしています。

人事というと、人事部門が制度の策定や組織の改変をやりたがります。働きやすい制度、新しい報酬制度、パートタイマーのための制度など、いろいろな話が出てきます。しかし、制度をつくる前に、目の前の1人の課題を解決することが大切だと思っています。家庭の事情で夕方15時までしか働けない人がいれば、まずその人の個別の状況に対応する。そして、次の人、次の人、次の人と対応する。個別の課題に十分対応したあとで多くの人に同じルールが成り立つのなら、そのときに初めて制度化する。これは、制度をつくってから個別に適用する、という考え方の逆です。

会社ではどうしても個別の問題を解く前に方程式をつくりがちですが、当社はその逆を方針としており、まず目の前の個別具体的な課題を解決し、共通項があればそれを制度にする。これを原理原則としています。

そして、組織に合わせて人を割り振るのではなく、人に合わせて組織を組み立てることも方針にしています。経営でよく行われるのは、ビジョンに基づいて戦略をつくり、それを実行するために実行策や組織、業務プロセスをつくり、各ポジションのジョブディスクリプションを記述して人材要件を定め、最後にそれに適した人を当てはめて人を採用する。わたしは、これは違うのではないかと考えています。会社がやらせたいことに人を当てはめていくのではなく、一人ひとりからスタートして個人の強みが最大限発揮できる役割を決め、そこから組織や組織図をつくる、こうするべきではないかと思っています。

ただし、そうすると責任範囲が明確にならず、仕事が重なってしまうことがあります。Aさんと B さんのミッションが重なって困る、会社としてはっきりさせてほしい、という話はよくあります。「チームなのだから一緒にやればいいではないか。大きいゴールは同じなのだから、2人で話し合って役割分担を決めてもらえばいいではないか。よくわかっていない人事部や上司がしゃしゃり出て細かい分担を決めるよりも、当人同士で全体目標達成のための最適を決めてもらえばいいではないか」と思っていて、実際にそのほうが効率的ではないでしょうか。

サッカーのようなスポーツと同じで、個々のポジションにやんわりと役割はあるけれども、誰がメンバーなのかによって細かい役割分担は変わるし、試合の状況によっては役割を超えた働きもする。こういう観点で、一人ひとりを中心に、個人の力が100％発揮できる組織をつくるのです。

バランスのとれたありがちな組織図の箱に具体的な人を当てはめすぎることで、その人の持っている力の70％しか発揮できない、あるいは、ポジションに必要なスキルが一部不足しているといったことを引き起こすよりも、持っている力を100％発揮できるように個々人から積み上げて、一見バランスが悪く見えるかもしれない組織をつくる。人本主義経営ではこういったことを目指しています。

さらに、「組織は柔軟に、必要なら毎日でも組み換え、人事異動する」という方針も持っています。新しい人が配属されたらその人が最も力を発揮できることは何なのかを考え、それによって役割分担が変わっても当然という考え方です。定期異動の時期まで半年待たせる、などということはしたくないのです。

お店の状態を肌感覚で判断する

経営管理（ファイナンス）で大事なことは、先述したことと関係しますが、各地域にある個別の1店舗が重要であって、全社全店とか平均店舗ではありません。地域にとってその1店舗がすべてなので、全店平均でどうかを考える必要はないのです。考える単位は個々の地域であり、個々の店舗なのです。

われわれが事業を行う目的は、売るためでもなく儲けるためでもなく、地域に貢献するためであり、地域の人の基本の生活を支えるためです。地域に貢献できていれば、必ず、売れるし、儲かります。売れていない、儲かっていないというのは、地域に貢献できていないからなのです。ですので、事業意図と乖離した、単なる黒字化に向けた取り組みは行いません。「売れているものだけに商品を絞ればもっと儲かります」「ブランドイメージを上げて値段を上げればちゃんと利益が出ます」などという話には耳を傾けません。事業意図からずれた、曲がった黒字化をするぐらいだったら閉鎖したほうがいい。それも原理原則の1つです。

当社は「脱ＫＰＩ（Key Performance Indicator＝重要業績評価指標）経営」です。ＫＰＩ経営では、人時売上高や在庫回転率などさまざまな数字や指標を見て、異常値があれば改善に努めますが、その方法だけが中心になってはいけないと思っています。もちろん、基本的なＫＰＩを完璧に理解して日々課題を把握することは不可欠で完璧に実行するべきですが、それだけでは足りないと考えます。たとえ指標を10個見ても１００個見ても、経営全体を見きれるものではなく、あくまで一部分しか見ることができないのです。

お店に入ったときの店内の空気、雰囲気、お客様の様子、スタッフの動き、売場状況も含めてうまくいっているのかどうかを現場状況から肌感覚で判断できる。これは「人の力」が大事で、「ちょっとおかしいぞ」と思ったときに事実を確かめるために数字を見る、というやり方ができなければ小売業は成り立たないと思っています。人本主義、現場の人の力です。

ＫＰＩなどの経営数字は体温や血圧と同じです。朝起きたときに「今日はちょっと身体がだるいな、なんとなく調子が悪いな」「熱はないけれどインフルエンザがうつってしまったかな」と感じることが大事であって、朝起きてすぐに血圧や体温を測ってみて「ちょっとだるいけど、数字がいいから、今日は体調がいい、大丈夫」などと言う人はいません。店舗の経営も同じで、肌感覚で状況や異変をつかんで、そこから仮説を立て数字を見ていくという、現場から状況を見極める「人の力」が大事なのだと思います。だからこそ、経営管理においても人本主義なのです。

生活者と企業の境目がなくなる社会

最後に、企業理念の実現に向けたポイントの５つ目、「社会への良いインパクトを共創する」についてです。これから社会にどうなっていってほしいのか、われわれの会社はどう活動するのか、それを「共創」という言葉で表現しています。

良品計画では、「生活者と企業の境目がなくなる社会」が良い社会ではないかと考えています。

じつは、これはコープさっぽろから学んでいる最も大きい点です。コープという組織では、組合員は数万円をコープに出資する一方で、お客様としてコープから商品を買っています。それだけではなく、地域の活性化のために組合員としてボランティアに近い地域活動も行っています。お客様でありながら、出資者（株主）であり、さらに、生活者としての活動により地域社会を住みよくしていく。お客様自身が、顧客という立場を超え、株主としてコープの事業活動にも自分事として参加し、さらに生活者としてコープを巻き込み街づくりにも参加していく。

われわれも、お客様が無印良品の商品をつくるところから参加し、さらに株主として会社行動を監視しながら仕事をする、それを取りまとめるプロジェクトのようなものが会社である、という新しい関係になっていくとよいのではないかと思っています。

1つの例がリユース・リサイクルの取り組みです。プラスチックを例にすると、今は、遠い産油国の国々から原油を船で運び、世界各地の石油化学コンビナートで精製し仕分けをして、最終工場で成形してプラスチックをつくっています。これは、家庭にある不要なプラスチックを原油の代わりにしてその地域で再生し、プラスチック製品にして提供することもできると思います。産油国の代わりに、地域の家庭が原料サプライヤーになってくれれば、いろいろなものが資源循環できるのではないでしょうか。

あらゆる人が不要になったプラスチックを持ち寄って、他社や行政も含めたみんなで適正な価格で分け合えば循環型社会ができるし、協力者になれる。それが「共創」です。みんなが社会全体の課題や無駄を解決するのが「感じ良い」社会なのではないでしょうか。良品計画は、その触媒となる企業になりたいのです。

儲けることが目的なのでなく、世の中に良いインパクトを出すことを目的に事業を行う。事業を継続するためにきちんと利益を出す。生活者や他企業、行政の人々との「共創」を通じて活動することで、世の中に大きな良いインパクトを出すので、おのずと事業規模や売上利益は大きくなる。社会に良いことはどんどん世の中に広がり、事業の拡大、取り組みの拡大も続く。その結果、株主である投資家にしっかり株主還元し、また、株主として協力者として地域の企業活動を支えてくださっている地域の生活者であるお客様にも還元する。これが公益人本主義経営であり、良品計画の目指す経営です。

第9章

講義のポイント

1 社会を豊かにするために一人ひとりの人を中心に事業を行い、社会への貢献の結果として売上利益を出す経営方針を「公益人本主義経営」という。

2 生活の基本を支える商品を適正な価格で、サプライチェーンのどこにもしわ寄せがないように提供する。商売を通じてサステナブルで豊かな社会を実現することが商品経営である。

3 店舗経営は地域の繁栄と共にある。地域の魅力が高まり、地域の経済がまわり、地域が発展して、初めて店舗の運営もうまくいく。

4 人本主義経営の根幹は一人ひとりの社員を中心に据えて仕事をすること。組織に合わせて人を割り振るのではなく、人に合わせて組織を組み立てる。

5 小売経営においてKPIを見て問題を把握することは必要だが、それだけでは足りない。肌感覚で兆候をつかみ、そこから仮説を立てて数字を見なければいけない。だからこそ、一人ひとりの人が最重要。

第10章

すべては
ビジョンから始まる

株式会社 中川政七商店 十三代代表取締役会長

中川政七（なかがわ・まさしち）

1974年奈良県生まれ。2000年京都大学法学部卒業後、富士通㈱入社。02年に㈱中川政七商店に入社し、08年に代表取締役社長に就任。工芸品をベースにした雑貨のブランドを確立し、全国に約60の直営店を展開。09年より業界特化型の経営コンサルティング事業を開始。16年11月、創業300周年を機に十三代中川政七を襲名。17年に日本工芸産地協会を発足させる。著書に『経営とデザインの幸せな関係』（日経BP）など。

江戸中期に高級麻織物の問屋として創業

中川政七商店の創業は江戸中期の享保元（１７１６）年、徳川吉宗、暴れん坊将軍の時代に、奈良晒《ならざらし》という高級麻織物を扱う問屋業としてスタートしました。「武士の正装である裃《かみしも》には奈良晒を使うように」と幕府の御用品指定を受けてずいぶん栄えたそうです。

奈良の興福寺の五重塔に近い元林院町《がんりんいんちょう》に本店を構え、周囲には問屋が50～60軒ありましたが、明治になると武士がいなくなり一気に廃れます。ほとんどの問屋はそこで商売替えをしましたが、私の高祖父、曽祖父は、奈良晒を絶やさないように織《お》り子を集めて機場《はたば》をつくって尽力しました。そんな中で、皇室に納めたり、伊勢神宮の遷宮のたびに納めたりと、いくつか栄誉ある仕事をいただき、大正14（１９２５）年のパリ万博にはハンカチーフを出品しました。

明治時代以降、奈良晒は、僧侶の法衣などの高級着物生地や茶巾（茶道で茶碗を拭くときに使う布）に使われていました。そのシェアの多くを中川政七商店が持っており、私の父（第十二代・中川巖雄《いわお》）の時代に、その販路を使ってお茶道具業界に本格参入し、総合問屋として従業員30人ほどを抱えるようになりました。

1983年には株式会社にして本社を移転し、元の土地を利用して「遊《ゆう》中川」というブランドで生活雑貨事業を始めました。父親はお茶道具、母親が雑貨を受け持つことになりました。お茶道具が順調に伸びて利益を出す一方で、雑貨事業は雑誌で取り上げられたりしながら少しずつ売上を伸ばしていったのが1990年代から2000年にかけてです。2001年に東京・恵比寿に「遊中川」の路面店を出しました。それでも生活雑貨部門は黒字化できずにいました。

私は2002年に、新卒で入社した富士通を辞めて中川政七商店に入りました。

最初は主力事業のお茶道具の仕事に携わりましたが、すぐに生活雑貨部門に移りました。そちらのほうが、取り組みがいがあると思ったからです。赤字部門のためか不穏な空気が流れていて、社員に何か質問しても誰からもまともな答えが返ってこない。そんな状態でしたから、父親に相談して、生活雑貨のトップとして改革を始めました。2~3年かけて業務を改善したのち、売上を伸ばすために卸から直営店へシフトしました。

私が生活雑貨を担当するにあたって考えたのは、モノを買う心理でした。買い物をするときにどんな思考回路で商品を選んでいるのか。私はソニーが大好きだったので、電化製品を買うときにはまずソニー製品を見ます。比較検討のためにほかも見るけれども、結局ソニー製品を買う。私の中ではソニーだけ下駄を履いているような状況があったのです。この「下駄を履かせること」が経営者として私ができることなのではないかと考えました。

生活雑貨の競合は奈良や京都に数社ありました。その競争から根本的に抜け出すには「遊 中川」というブランドに下駄を履かせなくてはいけない。それができないかぎり、中長期的な商売は見込めないだろうと思いました。

どうしたら、私がソニーを選ぶように「遊 中川」が選ばれるようになるのか。自分たちのお店で自分たちのスタッフで、製造の背景や思想をお客さんに伝えていかなければブランドとして認知されることはないだろうと考えて、直営店を展開していくことにしたのです。

日本の工芸を元気にする！

当時、「遊 中川」は関西に2店舗、東京（恵比寿）に1店舗ありましたが、小売店とは名ばかりで、営業所兼ショールームでした。会社の事業主体はお茶道具の卸で、父親からは「卸のほうが儲かる。小売は人を雇って、店舗に在庫を持たなきゃいけないし、家賃もかかる。やめとけ。儲からん」と言われました。

短期的に見れば小売の商売は簡単なことではないとわかりますが、中長期で見ると、ブランドとして認知されるには直営店を出していくしかないと考え、反対を押し切りました。10店舗目まで我慢すればシステム的な投資もできるだろうから、そこまで頑張ってやろうと考えたのです。

２００６年に13店舗目として表参道ヒルズのオープン時に「粋更（kisara）」を出店したときには、システムへの投資も行って、それまで全店アルバイトだった店長も正社員化でき、小売の業態が整っていました。

当時、百貨店は景気が悪く右肩下がりが当たり前の時代でした。その中で中川政七商店のテナントだけが対前年比で売上２桁増を繰り返していくので、業界的にはかなりインパクトがあって、「中川が調子いいらしい」と評判になりました。２００８年には私が会社代表となり、お茶道具の部門も見るようになりました。中川政七商店は絶好調でした。

でも、絶好調な時代が続くと経営者は暇になるのです。やることがないと余計なことを考え出します。「自分は何のために働くんだろう」「何のために中川政七商店があるのだろうか」と考え始めました。お金のためだけに30年も40年も高いテンションで働き続けるのは無理です。ビジョンがいるだろうと考えました。３００年もの長い歴史があるのに、中川政七商店には社是や家訓がありませんでした。

２年ぐらいモヤモヤしながら考えた中で見つかったのが、「日本の工芸を元気にする！」というビジョンでした。このビジョンを掲げたからこそ今の中川政七商店があります。

「赤字企業の再生屋」を始める

日本の伝統工芸品産業は１９８０年代がピークで、５４００億円の産地出荷額がありました。それが今８００億円ほどです。７分の1に衰退しました。

メーカーを元気にする1番の方法は製品を買うことです。たくさん発注してたくさん買えば、彼らは元気になります。しかし、当時の当社の生活雑貨部門の売上は10億円ほどだったので、買い支えられるメーカーはごくわずかです。

そこで思いついたのが、「業界特化型の経営再生コンサルティング」でした。私はかつて同じような状況にあった中川政七商店の雑貨部門を立て直しました。そのノウハウで、焼き物やガラス、竹などを扱う工芸メーカーも再生できるだろう。それが「日本の工芸を元気にする！」というビジョンの達成に向けてやるべきことだと思って始めました。

最初の案件は長崎県波佐見《はさみ》町のマルヒロという陶磁器の会社でした。ピーク時には売上が2億円ありましたが、８０００万円まで下がって、借金が1億円。銀行が手を引いたらその瞬間に潰れる状況でした。その会社に呼ばれて、社長の24歳の息子と2人で立て直しを始めました。

通常、陶磁器メーカーの息子は窯業《ようぎょう》学校などで専門的な勉強をするのですが、その息子は嫌がって行かず、福岡の流通専門学校を卒業後、大阪のインテリアショップでの丁稚奉公を経てフリーターをしていた折、父親からの申し入れで家業に戻ったという状態でした。どうしたらやる気が出るのか？　そこからこのコンサルティングは始まりました。

当時、波佐見町には夜の10時になると開いている店がなく、彼は「同世代が集まれるカフェや映画館がほしい。コミュニティのようなものをつくりたい」と言っていました。私は、焼き物屋でもうまくやれば、そこに手が届くことをわかってもらおうと考え、益子焼で知られる栃木県益子町に連れていきました。

益子には「スターネット」というコミュニティの起点になっているギャラリー&カフェがあったのです。東京からも大勢の人がやって来ていました。そこに連れていき、「焼き物を起点にしてこんなことができる。売上が3億円までいけばやれるから3億円を目指して頑張りなさい」と話すと、「わかった。やります」と言うのです。そこから彼はやる気を出しました。

業務改善をさまざま行ったのちに、「ＨＡＳＡＭＩ」というブランドをつくって、中川政七商店やセレクトショップのアーバンリサーチなどいろいろな店舗で展開すると爆発的に売れて、売上が3億円超、営業利益率15％以上の超優良企業になりました。

２０２１年には、波佐見町に家族連れが集まるヒロッパ（HIROPPA）という、カフェや小売店、公園などがある場所ができました。私たちがコンサルティングを始めて12年後にこの状態をつくることができました。

当社は、それ以降いろいろなコンサルティングをやりながら、本社が新しくなり、主力店舗事業の「中川政七商店」の業態ができ上がりました。私が入ったとき、生活雑貨は4億円の赤字でしたが今は86億円の売上で、店舗も3店が60店を超え、営業利益もそれなりに出せる会社になりました。

コンサルティングも最初に取り組んだマルヒロが業界的にインパクトのある再生事業だったので、「年商1億円以下の赤字企業の再生屋」というポジションができて数多く案件が舞い込み、ひたすら取り組んできました。「経営とブランディング講座」という塾スタイルのコンサルティングも行い、工芸以外も含めて60社ほど、ほぼすべての案件で決算書を改善できました。

工芸は分業制でモノをつくっています。たとえば、窯元の前工程には型屋や生地屋があり、後工程に絵付けなどがあります。この一連の人たちがいなければモノはつくれません。

じつはマルヒロは元気になりましたが、前工程が潰れそうでした。それを食い止めなくては産地として成り立たないので、元気になったところが、すべての工程を垂直統合して自社に取り込むしかありません。そこで、垂直統合を実現させる取り組みを行うために「日本工芸産地協会」を設立しました。

また、奈良でスモールビジネスを生み出して街を活気づける目的でN.PARK PROJECTという取り組みも主導しました。その拠点として、２０２１年、奈良の中川政七商店の創業地に隣接して鹿猿狐《しかさるきつね》ビルヂングという複合施設をつくりました。２０２４年には工芸メーカーを再生させるために、物流面で機能するように倉庫も設立しました。

ブランディングはコンテンツとコミュニケーション

私は十三代目として中川政七商店を二十数年経営しましたが、振り返ってみると、そのカギになったのは「ブランディング」と「ビジョン」でした。

7分の1に縮小していく業界の中で当社が気を吐き、数多くのメーカーの再生に成功したのは、「ブランディング」によるものでした。私はブランドを、「差別化され、かつ一定の方向性を持ったイメージにより、商品・サービス・会社にプラスをもたらすもの」と定義しています。

「差別化＝ほかと違う」と「一定の方向性を持ったイメージ＝らしさ・世界観がある」の2つがなければブランドとして認知されません。

ここで1つ質問です。ユニクロはブランドでしょうか？

皆さんは「ユニクロ」と聞くと、ロゴマーク、チラシ、好業績を知らせるニュース、柳井正さんの発言など、ユニクロにまつわるあらゆることを思い浮かべるでしょう。つまりブランドの構成要素はユーザー接点のすべてです。そのブランドに関するすべての情報からブランドイメージはつくられていくので、ブランディングは総力戦なのです。

中川政七商店に関する情報についていえば、お店に行って店内を見たり、商品を買ったり接客を受けたりすることでブランド情報がお客さんに入っていきますから、私より1人の店舗スタッフのほうがブランドに対する寄与度が圧倒的に高い。

しかし、多くのブランディング・プロジェクトは、会社の一部の人と外部のプロデューサー、デザイナーなどが進めるため、デザイン変更、商品の新展開だけが情報として社内に伝わる。社員はその本質的な意義を理解していない。すると、結局スタッフが普段接するお客さんには何も届かない。それではまったくブランディングになりません。

私たちは、ブランディングとは、「伝えるべき情報を整理して正しく伝えること」と定義しています。つまり、コンテンツとコミュニケーションです。

今、お客さんはSNSであらゆる情報に触れますから隠しごとができません。表面の化粧している部分も含めて、整合性・一貫性があって初めてブランドとして認知されます。「通販で購入したら荷姿がひどかった」など、そんなことで印象がつくられていきます。そこまで気を配らなくてはいけません。ブランディングは倉庫で発送作業をしている人たちの意識にも関わってくるのです。単なる作業だと思っていると雑な仕事になりますが、「日本の工芸を元気にするために私たちは仕事をしているのだ」と思えば、丁寧さが変わります。そうしたことが他社より徹底しているから当社の現状があるのだろうと思います。

エリアブランディングが陥りがちな3つの罠

ブランディングは、人にもエリアにもあらゆるところに適用されます。B to Bのビジネスであっても相手方には必ず人がいます。自社を選ぶか他社を選ぶかを決めるとき、そこには必ずブランドイメージが影響するはずです。機能と値段だけで決まることはありません。

最近、よく地方創生の文脈からエリアブランディングが語られますが、エリアブランディングが陥りがちな罠は3つほどあります。1つは順番です。

エリアブランディングをやろうとすると、大手の広告代理店が入ってきて、「地域に眠っている宝を伝えよう」という話になり、プロモーションビデオの作成に多額のお金を使いますが、これは間違いです。

そもそも、「地方には宝が眠っている」というのが間違いだと思います。たとえば大自然といっても大自然はどこにでもあります。ほかの競合と比べて圧倒的に優れている何かがなければコンテンツになりません。ほとんどの場合はコンテンツ力がありません。ただ、コンテンツを丁寧につくり上げていこうとすると時間がかかるので、手っ取り早くプロモーションビデオをつくろうとなります。これは順番が逆です。

2つ目は競争戦略の欠如です。

地方をプロモーションしていくときに決定的に欠落しているのは、「相手がいる」という認識です。自分たちは何者なのかを定義することで、本当の競合が見えてきます。

たとえば、ディズニーランドの競合はユニバーサル・スタジオ・ジャパンでしょうか？

ディズニーランドのお客さんの大半は関東圏の人です。じつは、関東圏に住む人が休日に、映画館に行くか、郊外にピクニックに行くか、はたまたディズニーランドに行くかと考える中でディズニーランドが選ばれているのです。もちろん関西から行く人もいるし、関東関西以外の地域からディズニーランドかユニバーサル・スタジオ・ジャパンかと迷う人もいますが、多数ではありません。ディズニーランドの真の競合は、「休日1日を過ごせるほかのところ」なのです。

北海道の観光地であれば、ニセコの競合はどこか、富良野の競合はどこかと考えますが、これはまったく異なります。

ニセコには海外の人がウィンタースポーツを楽しみに来ています。世界中のウィンタースポーツジャンキーが、カナダ、ニセコ、オーストラリアの中でニセコを選んでいます。一方で富良野は、北海道の観光地の中で選ばれています。北海道を旅行するときにどこに行くか、小樽か、旭川か、富良野か、はたまた知床かという中での富良野です。

ニセコと富良野は根本的に別物なのです。世界有数のウィンターリゾートなのか、北海道の中の富良野なのか、この違いを認識せずにブランディングを始めるのは間違いです。

3つ目はコンセプトの立て方です。

エリアブランディングの難しさの1つは、エリアが必ず複数のコンテンツを含んでいることにあるのですが、大きく2つのアプローチがあります。

少し古い話ですが、「おしい！広島県」と「うどん県香川」というアプローチがあります。広島には複数のコンテンツがあり、その共通項を探ると、全国2位のものが多かったので「おしい！広島県」と整理をしました。香川にもいいところがいっぱいあるけれど、こちらはうどん1つにフォーカスした。エリアブランディングには、この2つの戦い方があります。

ビジョンができると何が変わるか

最後にビジョンの話をします。

ビジョンは、会社にとって目指すべき最上位の概念であり、経営者にとっては覚悟のようなものです。中川政七商店に就職する人たちは「日本の工芸を元気にする！」というビジョンに共鳴して入ってきますが、もし、実際はビジョンにつながらないことばかりやっていれば失望します。これでは社内のモラルハザードになるので、掲げたビジョンはやりきらねばなりません。

会社を維持していくためには利益を生まなくてはいけません。利益とビジョンを両立させることは容易ではありませんが、言った以上はやらなくてはなりません。私たちが社内で言っているのは、ビジョン51、営業利益49です。両方が大切です。

ビジョンができると何が変わるでしょうか。いくつもいい点があります。

1つは経営判断が楽になります。

ビジョンがない時代、私は経営者として新しいことに取り組もうとしたとき、その事業が儲かるのかどうかを考えました。しかし、それは相手があることなのでわかりません。「うまくいきそうかどうか」と考えていると決断が難しいのですが、「ビジョンに資するかどうか」を考えると簡単に答えが出ます。

その新しい事業がビジョン達成にポジティブに働くのであればやる、ビジョンにまったく関係がないのであればやらないと判断できます。そして、ビジョン達成に前向きであるなら儲かるか儲からないかわからないけれど、とりあえずやってみます。うまくいかなかったら修正していけばいずれなんとかなると、経営判断が簡単になりました。

2つ目に、ビジョンは採用に効きます。ビジョンをつくって愚直にやっていれば儲かるのかといえば、短期的には儲かりません。ただ最初に反応するのは採用です。

私が中川政七商店に入社してすぐに業務改善を厳しくやったとき、「そこまで熱心に仕事したくない」「定時に帰りたい」という人たちが辞めました。事業部の7人のうち6人がすぐ辞めました。そこで、お金を使って採用募集をしてもまったく効果がなく、ハローワークに行っても3人ほしいのに2人しか来ない、そんな苦しい時代がありました。

しかし、2007年にビジョンを掲げて、2010年ぐらいからメディアの露出が増えてくると、ホームページに採用募集を出すだけで2週間で200人の応募がありました。しかも、大手企業で働いている人たちが、月収が下がることをわかった上で入社してくれました。現在の社長千石あやも大日本印刷に勤めていて、当社の給料は3分の2ぐらいだったと思いますが、それでも入ってきて、今社長をやってくれている。ビジョンが最初に効くのは採用です。

3つ目は競争力の源泉になること。会社の力は「競争戦略」×「組織能力」と表現されますが、現代はここに「ビジョン」が掛け算で入っています。ビジョンに愚直に取り組んでいる会社が評価され、支持される時代になっています。

「ライフスタンス」に対する信頼の時代

4つ目に、ビジョンはブランディングに貢献します。これは3つ目の競争力の源泉にもつながることです。

ユーザーが何にブランドを感じるかは、時代とともに少しずつ移り変わっていきます。戦後まもなく、まだ日本にモノが十分にない時代には、商品に対する「安心感」がブランドでした。その象徴が百貨店の紙袋で、有名百貨店で買ったものなら大事なお客さんに持っていけるという時代がありました。

そこから時代が変わり、どの店でも良質の商品が買えるようになると、商品やライフスタイルに対する「憧れ」がブランドになりました。たとえば「ドラマで女優さんが使っていたモノがほしい」「109のカリスマ販売員から買いたい」など「憧れ」がブランドになった時代です。さらに時代は進み、今はライフスタイルに対する「共感」です。

安心→憧れ→共感という流れです。

このように、プロダクトからライフスタイルへ、言い換えると「モノからコトへ」と進み、それがさらに変わりつつあって、今後はライフスタンスに対する信頼の時代です。

「ライフスタンス」は聞き慣れない言葉だと思いますが、「一人ひとりの生き方に対する姿勢や態度、企業やブランドの哲学やビジョン」を意味する私がつくった言葉です。これからはライフスタンスが問われる時代ではないかと考えているのです。

その象徴的な出来事が数年前にありました。アメリカで白人警官が黒人を殺してしまった事件が起こったとき、ナイキやネットフリックスは間髪入れずに「私たちは人種差別に反対します」と声明を出しました。その声明によって、お客さんはナイキと他社ブランドのモノを比べて、

「そういえば、先週ナイキは差別反対を宣言したけれど、こちらは何の声明も出さなかった」とナイキを買います。

お客さんは商品の奥にある会社の思想や哲学を気にし始めているのです。環境問題、人権問題などに気をとめてモノを選んでいます。ライフスタイルではなくてライフスタンスへの意識がブランド価値になっているのです。

この話にはオチがあって、当時ナイキの取締役は全員白人男性だったため、「言っていることとやっていることが違うじゃないか」と炎上しました。ライフスタンスはビジョンとして言葉を掲げるだけでは評価はされません。その価値は一朝一夕ではつくれないので、真面目にコツコツやっていることが評価されるよい時代になったともとれます。

ビジョンを事業に落とし込む

プロダクト、ライフスタイル、ライフスタンスの3つを並べると、かつてプロダクトさえよければブランドになり得た時代がありました。プロダクト10、ライフスタイル0、ライフスタンス0の時代です。それが7、3、0になり、そして4、6、0になりました。「いいものさえつくっていれば大丈夫」と信じていた日本のメーカーは、この変化についていけませんでした。日本の電機メーカーがアップルに負けたのは、まさにこの変化に対応できなかった結果ではないかと思います。

そして、今は4、5、1の時代になり、近い将来は4、3、3の時代になるのではないかと思います。世界観もライフスタンスも大切ですが、1番大切なのはやはり商品という時代です。

ビジョンは掲げるだけでは意味がなく、そのとおりに行動しなければ評価されません。要は言行一致が大切です。だから、ビジョンとの整合性が説明できない事業はたとえ儲かってもやってはいけません。では、言行一致の実現には、どんなステップが必要でしょうか。

まず言葉を分解してきちんと定義します。次に、それを実現するために何をやらなくてはいけないのかを事業レベルで洗い出します。最後が1番大切で、それを数字に落とし込みます。

中川政七商店を例に説明すると、「日本の工芸を元気にする！」は抽象度が高い言い方で、掲げておくだけでは何にも機能しないでしょう。店で働いているスタッフは、雑貨を売って日々の日割り予算を達成しているだけになってしまいますから、言葉を分解して定義しなくてはいけません。

「工芸」とは人の手によって生み出されるものを指し、「元気にする」とは作り手が経済的に自立することです。どうにか存続しているというのではなくて、従業員に最低賃金以上を払って補助金がなくても食っていける状況です。加えて、ものづくりの誇りを取り戻すこと。つくったものがお客さんに届き、喜んでいる姿が見えるようにしなくてはなりません。

日本の工芸品の産地出荷額は、ピークが５４００億円で現状は８００億円です。では、「元気になる」とはどういうことか。日本にはまだ産地が３００ほど残っています。目指す平均規模を10億円とすれば３０００億円くらいなのでピークの半分ですが、今の3倍以上なので、この数字まで戻れば「元気になった」と言えるのではないかと数字を仮置きします。

この３０００億円を２・5倍して末端価格にすると７０００億円ほどになります。中川政七商店は「日本の工芸を元気にする！」と偉そうに言っているのだから、10％くらいのシェアがなければ恥ずかしい。つまり、７００億円くらいの売上にならなくてはいけません。「日本の工芸を元気にする！」を数字に置き換えると、中川政七商店は今86億円で７００億円の1割程度なので、まったく届いていない。このように、数字を突きつけられないとどれだけ足りていないのかわかりません。

4億円の赤字から80億円を超えて、そこでできたような気持ちになるのであれば「日本の工芸を元気にする！」は張りぼてにすぎません。もっとしっかりやらなくてはいけない。これがビジョンを事業に落とし込むということです。

ビジョンを組織に浸透させることを「インナーブランディング」といいます。ビジョンを決めたら、その達成のために社内に浸透させなければなりません。大切なことは言い続けることですが、1つコツがあります。社内向けと同じテンションで社外にも言うことです。社外に向けて宣言すれば、「そのために何をやっていますか？」「その進捗はどうなっていますか？」と問われることになるので、しっかりやらなくてはいけないという雰囲気の醸成につながります。

社外にも同じテンションで言っていけば、社外の声が社内に入ってくる。これがじつは最も社内に腹落ちしやすい情報の流れです。

私たちはビジネス番組の『カンブリア宮殿』に数回出演していますが、テレビで話をすると社員への浸透の仕方が違います。メディアなど外から情報が入ってくると社員は腹落ちするのです。親戚から「あなたの会社出ていたね。いい会社だね」と言われると誇りにもなるし、ビジョンの達成のために頑張ろうという気持ちになります。

第10章

講義のポイント

1 競合との競争から根本的に抜け出すにはブランドに「下駄」を履かせなくてはいけない。製造の背景や思想を伝えていくことでブランドとして認知される。

2 ブランドとは、差別化され、一定の方向性を持つイメージにより、商品・サービス・会社にプラスをもたらすもの。「ほかと違う」と「らしさ・世界観がある」の2つが必要。

3 お金のためだけに30年も40年も高いテンションで働き続けることはできない。「何のために働くのか」「何のために会社があるのか」というビジョンを掲げる必要がある。

4 ビジョンができると、①経営判断が楽になる、②人材の採用に効果がある、③競争力の源泉になる、④ブランディングに貢献する。

5 ビジョンを掲げたらそのとおりに行動しなければならない。その実現に必要なステップは、①言葉を分解して定義し、②やるべきことを事業レベルで洗い出し、③それを数字に落とし込むこと。

第11章

なりゆきの未来から意志ある未来へ

株式会社 風と土と 代表取締役

阿部裕志（あべ・ひろし）

1978年愛媛県生まれ。98年京都大学工学部入学。同大学大学院で修士号を取得後、トヨタ自動車㈱の生産技術エンジニアとして働くが、現代社会のあり方に疑問を抱き、2008年島根県海士町に移住して起業。地域づくり、人材育成、出版事業に取り組む。ローカルな活動を実践しつつ、グローバルな視点も取り入れながら、持続可能な未来を切り拓いている。著書に『僕たちは島で、未来を見ることにした』（共著・木楽舎）など。

海士町という離島で起業

はじめに、「なりゆきの未来から意志ある未来へ」というタイトルについて説明します。

今、僕は島根県の隠岐諸島にある海士町《あまちょう》という島に住んでいます。かつてこの島は人口が減少し、夕張市（２００６年に財政破綻）よりも先に破綻するといわれるほどの状況でした。「なりゆき」のまま放っておくとこの島はそうなっていたでしょう。

しかしそこからさまざまな取り組みを行った結果、若い人や移住者が増え、新しい仕事も生まれ活気のある状態になっています。地元高校の新入生の約半数が全国各地の中学校から「島留学」でやって来て、また「大人の島留学」という制度のもとに20代の若者たちがさまざまな地域から年間１００人ほど来て働きながら学んでいます。これが「意志ある未来」という意味です。

簡単に自己紹介をすると、僕は愛媛県で生まれ愛知県で育ち、京都大学で材料工学を勉強しました。その後トヨタ自動車に入社したのですが、友人から「海士町という面白い島があるよ」と聞いて行ってみると、見事にはまってしまい、２００8年に移住して「巡《めぐり》の環《わ》」という会社を起業し、その後「風と土と」と社名を変えて活動しています。

これから3つのお話をします。1つ目は、どうして海士町で起業したのか。2つ目は、どんなことをやっているのか。最後に、僕が海士町で学んだことを皆さんにシェアします。

さて、どうして海士町で起業したのか。パーソナルな話になりますが、小学生の頃、ガンダムが好きでした。ガンダムのストーリーは、地球を壊す人類は地球を出て宇宙で暮らすべきだと言う人と、地球に残りたい人との戦いなのですが、それを知って、「そうか、人類の未来は宇宙にあるのか」と宇宙に興味を持ちました。

僕は、もともと人前に出るのが苦手だったのですが、小学校のときに生徒会の会長に立候補する友だちに応援演説を頼まれました。ところが壇上に立つと緊張して、持ち時間の3分間、「あぁ」「うー」しかしゃべれませんでした。友だちは落選して泣きました。これは僕のせいだと思って、自分を変えようと、中学校時代は、生徒会や級長や部活のキャプテンを頼まれたら引き受けて、人前に出る練習をしました。そうすれば、友だちを泣かせることはなくなるはずだと思ったのです。

高校は自由な校風で、バドミントン部のキャプテンとして練習メニューを毎日決め、練習試合も組んで、団体戦のオーダーもつくった。自由には責任が伴うことを学びました。そして、大学では宇宙工学を学びたいと考えました。

人と人、人と自然のつながりを見直したい

高校卒業後、一浪して受験勉強をしていると、夏休みにストレスが原因で肝臓と腎臓と膀胱を壊しました。そのときに、「ちょっと頑張っただけで身体を壊すんだ。自分はこんなに弱かったんだ」と知りました。そこで、大学では「生きる力を高めたい」と思い、アウトドアサークルで鶏を捌《さば》いたり、山奥で野宿しながら温泉を掘って入ったり、シンガポールからバンコクまで自転車旅行したり、アメリカのＮＡＳＡに行ってみたり、さまざまな体験をしました。

旅先で出会ったおっちゃんと人生を語り合っておごってもらって「俺に返すな、次の若い子におごってやれ」と言われ、山では知らない人同士が挨拶をして、沢登りで鉄砲水に遭ったときは助け合いました。「人は優しいな。自然は厳しいけど強くて美しい」と思っていました。

そんなある日、満員電車で1人のおじさんと肩がぶつかり合って押される嫌な経験をしました。「嫌なおじさんだな」と思ったときに、ふと、このおじさんはたまたま隣にいるだけで、もしかして山で出会っていたら命を助け合ったかもしれないし、旅先で出会っていたら人生を語り合ったかもしれない。このおじさんが嫌いなのではなくて、このギュウギュウに詰め込まれた環

境がおかしいのではないかと思ったのです。

なぜ僕は、ギュウギュウに詰め込まれて電車に乗っているのだろうか。社会が便利になり、人を効率的に速く運べるようになる中で、僕は満員電車に乗ることを選んだ。社会が発達しているというけれど、本当に社会はよくなっているのだろうか。人と人の関係の可能性を潰してしまうような社会でいいのか、そんな疑問を、僕はある日たまたま持ったのです。ここから、自分の将来について悩みました。

就職活動を始めるときにも悩み、「人と人、人と自然のつながりを見直そうと世の中に疑問提起したい」と思い至りました。

信頼に基づく「共創の力」を信じる

世の中を変えるには、坂本龍馬のように大きく革命を起こすような方法か、それとも小さく周りから伝えていく方法か、自分はどちらかと考えたら、僕は地味な人間なので、後者です。

ペンションを開き、自分がいいと思う空間をつくって泊まりに来た人が変わっていけば世の中は少しずつ変わるのではないかなどと考えました。しかし、大学を出ただけで、一生懸命働いている社会人に向けて「世の中このままでいいのでしょうか？」と投げかけても何も伝わらないでしょう。

そこで、あえて大量生産・大量消費社会といわれる世の中のど真ん中で働いてみて、それがいいと思えばそのまま続ければいいし、違うと思えば自分の言葉で問題提起をすればいいのではないか、そう考えました。

トヨタ自動車に入社して、トヨタ生産方式のど真ん中の溶接工場の生産ラインをつくる仕事に就きました。最後に取り組んだのは、50秒に1台カローラを完成させる世界最速の無人化ラインでした。速いほど儲かります。いかにスピードを速めるか、どうすれば無人化できるか、ひたすら追究しました。面白い仕事でしたが、やはり疑問が出てきました。

当時、勝ち組・負け組という言葉がありました。トヨタの社員は清潔な工場で働き、給料がよく休みもしっかりとれる。しかし僕らが設備を発注している下請けメーカーは、給与が低く労働環境もよくない。事故で指を切断したという話も聞きました。

僕が嫌だったのは、タテの権力、権威でした。トヨタの社員は協力会社からヨイショされます。ヘコヘコされます。このタテの関係性によって誰が幸せになるのだろうか……。僕はヨコのフラットな関係性を考えました。信頼に基づく「共創の力」を信じたいと思いました。そんなときに、ソニーで人事の仕事をしていた知人が会社を辞めて海士町に移住したのです。高度成長社会から持続可能社会へという、ちょうど時代の移り変わりでした。

「どんな島なの?」と聞くと、「今までの価値観では海士町はドベだ」と言います。「アメリカという黒船が先頭をいき、東京丸が日本の先頭で、海士町は最後尾だ。でもこの価値観が変わるとき構造が逆転する。海士町は、人を大切にしながら自然の中で生きていく知恵を使い、持続可能社会へのタグボートとして、大きい船を牽引することになるんだ」と聞きました。実際に島を訪れ、自分の疑問を晴らす道はこれだ! と強く共感し、僕は移住を決めました。

共感を基にしたビジネスのほうが儲かる

僕はトヨタを辞めましたが、今、研修などの仕事をお手伝いしています。それは、「共感を基にしたビジネスのほうが儲かる」という絵を見せたいからです。経済を否定してサステナビリティをつくろうと言うつもりはありません。

僕は島の岩牡蠣を販売したことがあります。飲食店に卸すときの値段交渉はとても難しく、通常は「はじめにこれくらいの価格を提示しておけば、落としどころはここになるな」と考えて交渉を始めます。僕はそのやり方が嫌だったので、京都の有名な料亭に売るとき、「1個330円で買ってください。僕は270円で仕入れるので」と言いました。普通、仕入れ値は絶対に教えません。こちらの利益を知られてしまうので。

でも、僕はその人を信頼しており、それが正当な対価だと思っていたのです。すると、「それじゃあ阿部さんの利益にならんでしょう。この岩牡蠣にはもっと価値がある。450円で買いますわ」と言われました。

1個60円の利益を出そうと思ったら180円の利益をくれると言い出したのです。「本当にいいんですか?」と聞くと、「私の心が鈍るので早く決めましょう」と言って買ってくれました。そこに卸すことによって3倍の利益が出たのです。

これはタテの関係性の中ではありえません。この正直なやりとりによる取引の成立は、僕の目指す経済の1つの姿だと思っています。

課題先進地を「課題解決先進地」に変える

次に、海士町と僕たちの会社「風と土と」の取り組みについてお話をします。

海士町の風景には、海があり牛がいて、田んぼがあります。お米の自給率は200％を超えています。島なのに平地が広く水が豊富です。

毎年行う綱引き大会では、半年ぐらい前から各地域でタイヤ引きや筋トレなどの練習が始まって、ガチで大人の勝負をします。業者がいないのでビアガーデンも自分たちでつくります。しゃもじを2本渡したら踊れない島民は誰もいないというくらい、みんなで楽しむキンニャモニャという民謡があります。そんな人情や情緒があふれる島です。

しかし近年、人口減少、超少子高齢化、財政難によって、7000人いた人口が2300人になりました。高齢化率が41％で、財政もこのままでは破綻するところまで追い込まれました。

この島の状態は日本社会の縮図ですが、逆に言えば、課題先進地が「課題解決先進地」になれば、それは日本の未来を考えるヒントになります。島にはそこに思いを持った人たちがいました。2002年から、前町長を中心に地域リーダーたちの挑戦が始まりました。建設会社の社長が「隠岐牛」のブランド化を始め、当時の役場の課長たちもさまざまな取り組みを進めて、CASという細胞を壊さない冷凍技術を開発し、さまざまな特産品をつくりました。「高校の魅力化」も行いました。地元の人たちがみんなで立ち上がり、その思いは今の町長、副町長にも引き継がれました。

海士町のまちづくりのキーワードは「自立」「挑戦」「交流」の3つです。じつは、地方はこの3つが苦手です。地方では、自立ではなく依存、挑戦ではなく現状維持、交流ではなく閉鎖です。あえて、この苦手なもの3つを掲げたことに大きな価値がありました。

「自立」という点では、仕事をつくらなくては人を雇用できないので、いろいろな商品を開発しました。世界で初めて岩牡蠣の養殖に成功し、特殊冷凍技術で海外に販路を広げました。牛や塩のブランド化、「離島キッチン」という日本中の離島の食材が食べられるお店をつくりました。地域にあるものを磨いていったのです。

島の唯一の高校は廃校になる寸前でした。高校がなくなると若い人はみんな出て行って将来も帰ってきません。また、高校のない島に移住者はやって来ないので、無人島になるのではないかと危機感を持ちました。そこで「高校の魅力化」を始めました。

日本中で教育が標準化していくとどうなるか。都会のほうが教育の情報があり、いい塾があるので教育格差が生まれてしまう。地方は、いずれ地域から都会に出ていく若者を教育（都会の担い手を育成）する存在になります。若者や子どもが流出すると、地方は後継者を失い誇りも失います。その結果、過疎化、少子高齢化し、文化や産業が衰退する。教育の標準化は地域の衰退を招くのです。

「海士町」は隠岐諸島の中ノ島にある1島1町の小さな町

そこで海士町では、教育を魅力化していこうと「グローカル人材育成」を掲げました。グローバルな視野を持ちながらローカルで活動する人を育成するのです。教育のブランド化ができれば、若者や子どもが増え継承者ができて、誇りを創出できます。教育の魅力化による地域の活性化を目指して創設したのが「島留学」という制度です。

今、新入生の5～6割は島外からやって来ます。倍率が2・5倍ぐらいで、都市部を含めさまざまな地域から来ます。卒業生の偏差値は50ぐらいで進学校ではないけれど、早稲田、慶應、国公立の大学にも合格者が出ています。全学年2クラスで、いろいろな子どもたちが入ってきて面白い高校になっています。

これが海士町の「挑戦」です。

都会をまねるのではなく「あるもの」を磨く

「交流」という点では、「よそ者を活かしたまちづくり」を掲げています。

海士町は面白いことをするのが好きで、「みんなで劇をやろう」と島民劇を始めました。後鳥羽上皇の島流し８００年に際して島民オーディションをやりました。後鳥羽上皇は承久の乱に敗れて海士町に流され、「都会に帰りたい」と願いながら19年間を過ごして亡くなったと言われていますが、じつはそうではなく、島をめっちゃ楽しんでいたという脚本で演劇を行ったのです。後鳥羽上皇役は移住者の歯医者さんが演じ、姫には地元出身の役場職員が扮するなど、農家や役場の課長や床屋さん、大工さんなどで劇をつくる。みんなで取り組むと本当に一致団結するのです。こんな交流を大事にしています。

海士町のまちづくりでは、《ないものはない》という言葉を掲げています。そこには３つの要素があります。

１つ目は〈ありません〉。かつてコンビニが出店を計画して島の人が追い返したという経緯があるのですが、要は「便利なものはなくていい。ないことを積極的に受け入れる」という心構えです。

もう1つが〈すべて「あります」〉。要は全部ある。不便かもしれないけども人が生きていくうえで大事なものは全部ここにあります。

3つ目が〈ないなら「つくる」〉。手づくりビアガーデンなど、ないならつくればいいじゃないかと考えます。つくるから仲間ができるのです。

このように、「あるものを活かしきる」ことを大事にしています。

島民に「《ないものはない》ってどういうことですか?」と、インタビューやアンケートをしたところ、次のような答えが返ってきました。

「コンビニもショッピングモールも娯楽施設もない小さな島です。でも都会では失われつつある地域の人同士のつながりやこの島特有の歴史や伝統がある」「野菜を自分でつくって魚を自分で釣って、生きのよい新鮮なものをいただくことは何よりの贅沢だ」「これ以上求めるものは何もないことをこの町では《ないものはない》と言い、高い幸福度を示す」

都会をまねるのではなく、地域にあるものを磨く心意気を大事にしています。

世界一幸福な国と言われているブータンは、GNP(Gross National Product:国民総生産)ではなくＧＮＨ（Gross National Happiness：国民総幸福量）を軸に置いていますが、今、海士町とブータンは深い関係を結んでいます。青年海外協力隊で知られるＪＩＣＡの研修機能の一部が海士町に移転し、ブータンの人と海士町の人が相互に研修を受けに行き、海士町は高校の魅力化プロジェクトをブータンに輸出しています。

互いに学び合う中で、海士町でも幸福度調査を行いました。海士町と全国を比較したところ、「食料自給率40％以上の暮らしをしている人」が全国の2倍いて、「おすそ分けをしている人」が33％多い。海士町は、困ったときに助け合い、お祭りに参加するなど、地域の課題を誰かと話し合う当事者意識が非常に高いことがわかりました。また、「安心して住み続けられる町に向かっている」という、未来への期待度も高いという結果でした。

この調査はブータン同様、5年に一度行い、海士町らしさが失われないよう、適切な対応を行います。

「島流し」の島に８００人が移住してきた

もともと海士町は「島流し」の島です。最近の17年間で８００人ほどが移住してきました。

ソニーを辞めて高校魅力化に取り組んだり、リクルートの内定を断ってホテルの社長を務めたり、僕もトヨタを辞めて起業しました。いわゆる「セルフ島流し」が流行っています（笑）。

『里山資本主義』という本を書いた藻谷浩介《もたにこうすけ》さんが教えてくれました。今、関東圏では急速に少子化と高齢化が進んでいます。この5年間で65歳以上と75歳以上の人口が急増しています。一方で、海士町は高齢化が上がりきった状態で、子どもが増えました。藻谷さんは、「人口減少がストップし、高齢者がこれ以上増えない中で若い人が増えるという、次の社会の形をつくっているのが面白い」と言います。

その中で、僕は会社の名前を「巡の環」から「風と土と」に改称しました。風の人（外の人）と土の人（中の人）が、ともに風土という目に見えない価値をつくるのが大事だということで、6人のメンバーで築120年以上の古民家にオフィスを構えて活動しています。

会社の事業の1つは企業向けの「人材育成事業」です。この16年間で2000人以上に研修を行いました。もう1つは「出版事業」で、4冊の本を出しました。さらに、「地域づくり事業」として、島の課題を解決するためにいろいろなまちづくりの戦略を練り、産業・教育と手がけて、次は医療が大事だと考え、そのビジョンをつくったり人材を採用したりしています。

2024年に17期を終えたのですが、じつは10期目ぐらいまでほぼ利益のない状態でした。

メインは地域づくり事業と行政の仕事で、ホームページづくりで少し稼いでいるというレベルで、11期目の2018年には1000万円近い赤字となりました。大きなプロジェクトをいくつか失い、同時に社員が半分辞めていきました。そのとき会社を畳もうかと悩みましたが、もう1回経営者として出直すことにしました。「風と土と」に社名を変え、経営の立て直しに応援団を集めようと考え、いろいろな人に株主に入ってもらいました。

面白法人カヤックという鎌倉の会社の社長の柳澤大輔さんや、英治出版の原田英治さんに株主に入ってもらい、リクルートキャリア初代社長を務めた水谷智之さんに監査役を引き受けてもらいました。研修のアドバイザーとして、コープさっぽろのサポートもされている入山章栄さん、出版はハーバード・ビジネス・レビューの編集長をやっていた岩佐文夫さんが手伝ってくださることになりました。

「風と土と」の株主総会は面白くて、1日目は、みんなで海遊びをしたり釣った魚を食べたり、テントサウナをしたりします。町長、副町長も一緒にバーベキューをします。こんな楽しいことをやって、2日目に真剣に経営を議論して、終了後は、みんなすごくいい顔で「来年度も頑張ろうね」と言って解散します。

「新プロジェクトX」に取り上げられた島の挑戦

今、メイン事業の企業研修は、SIMA-NAGASHIという名前で「心を動かすリーダーシップ」を掲げて実施しています。

共感によって人を動かすためには、腹に落ちる言葉で語らなくてはなりません。これは海士町が発揮してきたリーダーシップの形であり、今年（２０２４年）の5月にＮＨＫの「新プロジェクトＸ」に「隠岐 島に希望を取り戻せ」というタイトルで取り上げられました。

SIMA-NAGASHIは、２泊３日で年８回さまざまな会社の合同研修を実施しており、２０２３年は43社１０２人が島にやって来ました。ＮＴＴ、ロート製薬、トヨタなどの大企業からも参加して、３日目に腹落ちした言葉でビジョンを語るという研修です。

出版事業では、アリス・ウォータースの『スローフード宣言』という本を出しました。アリスさんはアメリカでは知らない人がいないほどの有名人で、世界中にスローフードを普及させ、「おいしい革命」を引き起こした料理人です。予約の取れないレストランとして知られる「シェ・パニース」のオーナーで、学校教育を変革した「エディブル・スクールヤード」の創始者です。

アリスさんの本は、すでに小学館など大手出版社から10冊ほど翻訳本が出ていて、『スローフード宣言』は集大成となる本でしたから、翻訳出版権の取り合いになることは確実でした。お金では、大手の出版社と競っても勝てるわけがありません。そこでアリスさんに手紙を書きました。

「海士町はコンビニもファストフードもない島です。《ないものはない》を掲げている島からスローフードムーブメントを広げていきたいのです。」そんな手紙をつけたところ、彼女が「自分の価値観に合うところで」と言って、当社を選んでくれました。出版業界的にありえない話らしいのですが、お金ではなく思いを伝える形で出版が実現しました。

「食べることは、生きること」という彼女の思想を日本に広げていくには本人に来てもらうのがいいと考え、その希望を伝えると、刊行1周年を記念して来日が実現しました。海士町に来てもらって、小学校で授業をしてもらったり給食を一緒に食べたりしました。

そして、せっかくだから来日ツアーの様子を映画にしようと、クラウドファンディングで1100万円ほど集め、さらにコープさっぽろにも協力していただき、『食べることは生きること～アリス・ウォータースのおいしい革命～』が完成しました。今年（2024年）5月に一般公開され、札幌ではコープさっぽろが上映会を開いてくれました。

「ない」と見るか、「ある」と見るか

最後に、僕が海士町で学んだことを2つお伝えします。

1つがビジョンの力です。

入山章栄さんがこう言っています。「今のリーダーに求められるのは現状の課題を探して解決することではない。現状と理想のギャップが課題であって、理想のない人は課題もないから課題解決のしようがない。課題を探すことよりも理想を高く掲げられる人を増やすことが大事だ」。まさにその通りだとハッとしました。

高い理想を持つからそのギャップとして課題が見え、課題設定が生まれて解決策が生まれます。理想を掲げることは本当に大事だと思います。

たとえば、アメリカでフライドポテトを注文した客に「太すぎる」と文句を言われて腹が立ったので、徹底的に薄くしたら大受けして生まれたのがポテトチップス。「なじみのない店でもツケ払いができるといいな」と考えた人がいたからクレジットカードができた。「ネットにつながりポケットに入るコンピューターがほしい」とスティーブ・ジョブズが言ったのでスマートフォ

ンができた。

世の中を変えるアイデアは、個人のビジョンや理想から生まれていますから、みんなが疑問に思っていること、悩んでいることには大きな価値があります。

海士町で学んだもう1つのことは、物事のとらえ方です。

以前、「離島で暮らすメリット、デメリットって何ですか?」と聞かれました。

離島の特徴は、「海を隔てて離れている」「豊かな自然がある」「独自の文化がある」「人の距離が近い」「社会が完結している」などです。

離島は人も物資も本土から輸送しなくてはなりません。一方で、離島に住む日本の0・5%の人口が日本の海域の50%を守っているという現実があります。離島を失うと日本の海域(排他的経済水域)が減り、資源が失われるのです。

離島には豊かな自然があります。日本の世界自然遺産の60%、日本の世界文化遺産の22%が離島にあります。島では人の距離が近いので、昔ながらの共同体が残っていて、社会を支えている人の顔が見えます。

つまり、離島の特徴を「ない」ととらえるか「ある」ととらえるかによって、まったく見方が変わります。「ない」と見るなら遠い島、「ある」と見るなら非日常がある。「ない」と見るなら不便な島ですが、「ある」と見たら大自然がある。また、「便利なものがない」ととらえるのか、「創意工夫する力がある」ととらえるか。とらえ方が大切なのです。

さらに、「島は給料が安い」と見るのか、「自給自足やお裾分けで生きていける」と考えるのか。「最先端のビジネスチャンスがない」と見るか、「最先端の社会課題があって、それが次のビジネスチャンスになる」と思うか。「人付き合いが面倒だ」と見るのか、「助け合いがある」と見るか。

自分自身についても、「ない」と思えば、いくらでも「ないもの」を挙げられるでしょうが、「あるかもしれない」と思えば、いろいろな「あるもの」を発見できるでしょう。

そのように、「物事をどう見るか」が、僕が海士町に来て学んだことでした。物事はとらえ方次第です。それが、僕がここでいちばんお伝えしたかったことです。

「ない」と見るのか、「ある」と見るのか。僕の会社は、「小さい会社だから〈ない〉と見る」のではなくて、「島の会社だからこそ〈できる〉ととらえる」ことに挑戦してきました。今日の話が、皆さんのこれからの人生にとって、何か1つでもお役に立てればと思います。機会があれば海士町に遊びに来てください。

第11章

講義のポイント

1 「なりゆき」のまま放っておくと駄目になってしまうことも、さまざまな取り組みを行うことによって「意志ある未来」を築くことができる。

2 世の中を変えるには、坂本龍馬のように大きく革命を起こすような方法と、小さく周りから伝えていく方法の2つがある。

3 海士町の町づくりでは「ないものはない」という言葉を掲げている。①ないことを積極的に受け入れる、②不便でも生きていくうえで大事なものは全部ある、③ないならつくる、の考え方で「あるもの」を活かしきる。

4 世の中を変えるアイデアは、個人のビジョンや理想から生まれているから、自分が疑問に思っていること、悩んでいることには大きな価値がある。

5 物事はとらえ方次第。「ない」と思えば、いくらでも「ないもの」を挙げられるが、「あるかもしれない」と思えば、いろいろな「あるもの」を発見できる。

第12章

小樽商科大学生へ 3つのルール 地域産業創出

株式会社Q0 代表取締役社長
林 千晶（はやし・ちあき）

1971年生まれ。アラブ首長国連邦で育つ。94年早稲田大学商学部卒業後、花王㈱に入社し、マーケティング部門に所属。日用品・化粧品の商品開発、広告プロモーション、販売計画まで幅広く担当。97年に退社して米国に留学。ボストン大学大学院ジャーナリズム学科を卒業して共同通信ニューヨーク支局に勤務。2000年に帰国し、㈱ロフトワークを起業。15年㈱飛騨の森でクマは踊る、22年に㈱Q0を設立。

自分の価値観に合う国を探そう

就職活動をしていた大学3年生のときに、ＯＢの方からこう言われました。

「『あなたが考える幸せな像』、あるいは『幸せな暮らし』をできるだけ遠い未来で想像してみてください。そのとき自分はどんな状態で、何をしているのかを考えてみてください」

そのとき、私はふと60歳ぐらいの自分が好きな人と手をつないで散歩している姿を思い浮かべました。ああ、これが私にとっての幸せなんだなと感じたのです。逆に、自分が死ぬときのことを想像すると、仕事のことなど思い出さず、「この人と一緒にいられて楽しかったな」「あの人たちと楽しい時間を過ごしたな」と思うのだろうと考えました。これが私の人生設計の起点となっています。

私は、人生は夢のようなものだと思っています。なぜなら、人はみんな必ず死ぬし、死んだあとのことはわからないからです。死んだあとに「これが自分の夢だったのかも」と思うこともあるかもしれない——そんなふうに想像したのです。そう考えると、人生は他人の指示に従ったり、他人がよいと思う方向に流されたりするよりも、自分が本当にやりたいこと、興味があることをするべきだと思いました。たとえ失敗したとしても、それでいいじゃないか。これが、私が21歳のとき、OBの方とのやりとりを通じて得た大切な気づきです。

今日は「大学生の皆さんに伝えたい3つのルール」についてお話ししますが、その前に簡単に自己紹介をさせてください。

じつは私には「ふるさと」と呼べる場所がありません。幼稚園から小学校4年生まで、アラブ首長国連邦で暮らしていたからです。その頃、私がとても印象に残っている出来事があります。それは、「ラクダの命のほうが一般の人間の命よりも重い」と言われたことです。

なぜなら、人間とラクダでは、水がない砂漠で生き抜く能力が圧倒的に違うからです。ラクダは長時間水を飲まずに歩き続けることができるし、荷物も運べるので、砂漠を移動する際には人間よりも役に立ちます。そのため、「ラクダのほうが大切だ」という考え方があるのです。これを聞いたとき、人間よりも動物が優先される価値観があることに、私は衝撃を受けました。

アブダビに住んでいた頃、私は通っていた日本人学校でいじめられていた時期がありました。そのため、日本に帰る際、「また、いじめられたらどうしよう」と不安に思うことがありました。しかし、「アブダビでは、人間よりもラクダのほうが貴重になる場面もある」という価値観を知っていたので、もし日本で受け入れられなかったら、広い世の中には自分の価値観に合う国や場所があるはずだから、そこを探そうと考えました。

いろいろな国や地域には、それぞれ違った価値観が存在しています。だからこそ、1つの場所の常識に縛られて、「自分は当てはまらない」と苦しむ必要はありません。自分の価値観に合う国や環境を探せばいいのです。そのことを、私は今でも強く覚えています。

周囲の評価に縛られず、自分の道を選ぶ

私は大学卒業後、花王に入社し、ニベア花王を経て、化粧品事業部に配属されました。ある日、広告代理店の方とお会いする機会がありました。「こんにちは。化粧品事業部の林です」と自己紹介しようとしたとき、その代理店の方は満面の笑顔で腰を低くしながら「どうも、どうも」と言い、名刺交換をしてくれたのです。この出来事に、私は驚きました。

花王は広告に多額の予算を投じる企業として有名です。そのため、代理店にとって、花王の事業部の社員と名刺交換をすること自体に大きな価値があるのだと気づきました。つまり、私が「林」だろうと「中林」だろうと「小林」だろうと、その方にとって重要なのは「花王」という会社の「事業部」の社員であることだったのです。このことに気づいた瞬間、私はふと疑問に思

いました。「私はこのまま花王の化粧品事業部で生きていきたいのだろうか」と。

学生の就職先として人気のある会社に入社し、同期が羨む部署に配属されました。しかし、そこで働く自分は本当に幸せなのかと自問すると、必ずしも幸せではないのではないかという気持ちが湧いてきたのです。夢だった化粧品のプロデュースをして、自分もきれいになれるかもしれないと思っていました。しかし実際には、残業が多くて肌も荒れるほど多忙な日々。自分の自由な時間も持てない生活は、果たして自分が本当に望んでいたものなのか。その疑問は、次第に大きくなっていきました。

そのとき、私は26歳でした。「自分がやりたいことをやってみる」と決めるのは、とても怖いことです。しかし、なぜ怖いのか、失敗したらどんな人生が待っているのか、そのシミュレーションのためにまず衣食住について考えてみました。住む場所は、実家に「ごめんなさい」とお願いして住まわせてもらえばいい。食事は、コンビニのおにぎりを買う500円くらいのお金は稼げるし、自分でつくったっていい。服はGAPのセールで買ったジーンズやTシャツで十分。つまり、やりたいことをやってうまくいかなかったとしても、衣食住に困ることはない。

では、私は何を恐れているのか。それは周囲の評価でした。「彼女はやりたいことをやって、苦労しているらしいよ」と言われるのが怖かったのです。そのとき、私は自分に問いかけました。「周りからの評価と、自分自身の評価、どちらが大切なのか」。その答えを考えた末、「どんなに苦しくても、自分で選んだ道を進もう」と決心しました。

真冬でも分厚いコートを着ていれば、冷たい風が吹いても暖かい――そんな考え方もあるかもしれません。しかし、私はそういう生き方は選びませんでした。むしろ、素肌で風に吹かれながら、笑顔で「さっむーい!」と言っていたい。それが自分の生き方なのだと思ったのです。

私は花王の「ものづくり」ではなく、情報に関わる仕事がしたいと思い、ジャーナリストを目指すことを決意しました。また、アメリカの大学院で学びたいという思いもあり、卒業した大学の先生に相談に行きましたが、「アメリカに行ってジャーナリズムを学んでも、1円にもならないよ。それよりもMBA(経営学修士)をとったほうがいい」と、大反対。それでも私は「構いません」と言い、自分の信じた道を進むことを選びました。そして、ボストン大学の大学院に進学し、ジャーナリズムを専攻したのです。

苦しくても、自分の信じる道を進む

大学院を経て共同通信社のニューヨーク支局に勤務し、その後帰国して「ロフトワーク」という会社を起業しました。家賃10万円の1DKの部屋をオフィス代わりにし、机を買うお金もなかったため、押し入れにコンピューターを入れて、椅子を置いて仕事を始めたのです。その小さな始まりからスタートした会社が、現在では160人を超える社員を抱え、年間20億円を売り上げる規模にまで成長しました。

ロフトワークはさまざまな企業や教育機関、省庁、自治体などと協力し、それぞれが抱える課題に向き合いながら、関わる人々の創造力を結集させ、新しい価値を生み出すプロジェクトに取り組んできました。現在も、パナソニック、三井住友銀行、長崎県庁などとプロジェクトを進めています。

花王時代の私は、他人から見て「いい」と思われる生き方をしていました。しかし、自分らしい人生を生きることを決めてからは、ロフトワークを起業し、その後MITメディアラボの日本代表を務めました。また、世界14カ所で「ファブカフェ（FabCafe）」を運営し、飛騨市では「飛騨の森でクマは踊る」という林業の会社を立ち上げました。現在は、「地方と都市の新しい関係性をつくること」を目的に掲げた会社「Q0（キューゼロ）」を経営しています。2年前（2022年）から始めた会社です。

これまで私はロフトワークで、札幌、東京、福岡、広島などの大都市で事業を展開してきましたが、これからは地域の地元企業や創造的なリーダーとのコラボレーションを進めていきたいと考えています。今までは東京が中心となり、地方都市は東京のまねをしてきた傾向がありました。しかしこれから、地方都市こそが先進的な取り組みを行い、それが大都心部に輸出されるような時代になるのではないでしょうか。まだ確証はありませんが、この可能性を信じ、今後20年をかけて地方と都市の関係性づくりを仕事にしていきたいと思っています。

若さは力である

ちょっと長くなりましたが、これがイントロです。そんな私から3つのルールを皆さんにお伝えしたいと思います。

1つ目は、「若さは力である」ということ。

私は若い頃、国を動かしているのは40代や50代の人だと思っていました。しかし今振り返ると、最も力を持っているのは20代の若者であるということです。起業するのも20代がチャンスです。皆さんの中に「いつか起業したい」と思っている人がいるのなら、今やるべきなのです。ちなみに、パナソニック創業者の松下幸之助さんが起業したのは23歳のときでした。

20代は体力的に無理がききますし、もしうまくいかなくても何度でもやり直すことができます。また、まだ守るべきものも少ないため、そのときどきの状況に柔軟に対応しながら、自分の方向性を変えていくことができます。

ロフトワークも、パナソニックと共同で渋谷に「100BANCH」という施設をつくりました。この施設のコンセプトは、「これからの100年を面白くする100のプロジェクト」。夢を持つ35歳未満の若者を集め、25人のメンターが「これは面白い」と思ったアイデアを採択し、活動を支援するという仕組みです。毎年200件以上の応募があり、50〜60件が採択されています。

その中からいくつかご紹介しましょう。

「ヘラルボニー」という会社は、「障がいのあるアーティストが社会を豊かにできる」というコンセプトで、知的障害のある作家とアートライセンス契約を結び、それをさまざまな形で展開することで、障がいに対するイメージを変えようとしています。直近ではパリにも拠点を設けるなど、グローバルな活動をしています。

もう1つのプロジェクトは「ブレイル・ノイエ」。これは、点字と文字を組み合わせたユニバーサルな書体を開発する取り組みです。たとえば、「TOILET」と英語で書かれた文字のそれぞれの上に、対応する点字が盛り上がった形で配置されています。これにより、目の不自由な人もそうでない人も、同じツールを使って同じ情報を共有できるのです。

もし、文字が剥がれ落ちた場合、点字も文字も一緒に剥がれていることがわかるので、誰でも簡単に管理することができます。このデザイン書体は渋谷区役所をはじめとするさまざまな場所で採用されています。

日々の生活の中に取り組むべきテーマがある

こんな面白い取り組みもあります。バンジージャンプをリスペクトしている人の取り組みです。彼は初めてバンジージャンプのジャンプ台に立ったとき、想像以上に恐怖を感じたそうです。しかし、勇気を出して飛んでみると、大きな達成感があったと言います。それは「自分の常識を自分で超えていく体験」だったのです。彼はここに人生のヒントがあると思い、そんなバンジーのすごさを伝えようと考え、34歳で脱サラをし、バンジージャンプのVR（仮想空間を現実のように疑似体験できる仕組み）を開発しました。

彼はこう言います。「誰であろうと、人生は冒険です。日常の中に〝あなただけのジャンプ台〟が必ずある。僕はバンジーVRだけではなく『面白い新しい体験を創る』という冒険を死ぬまで続けていきたい」。

このように100BANCHでは、「挑戦してみたい」「常識を超えてみたい」という若者たちのアイデアをどんどん採択し、支援しています。

これまで日本の企業の多くは、人口が増えていくことを前提に仕組みやサービスをつくってきました。しかし、その前提が崩れ、人口が減少していく時代に突入しています。そんな中で新しい試みを行っている企業の1つにコープさっぽろがあります。

コープさっぽろは、店舗を構えるだけではなく、「移動販売車」を走らせることで買い物が難しい人々を支援しています。そして、さらにそのコンセプトを広げ、2024年度には「健康診断車」を巡回させ、地域の人々の健康診断を行うサービスを開始しています。とくに北海道では、女性の健康診断の受診率が3割にも満たないそうです。その理由の1つは、病院が家から遠いから。そこでコープさっぽろは、健康診断車を導入することで、受診率を3割から5割に引き上げることを目指しています。

病気は早期発見できれば高い確率で治癒しますが、発見が遅れるとその可能性は低くなり、健康に暮らせない人が増えてしまいます。コープさっぽろは、地域住民の健康を守るためにこの新しいサービスに取り組んでいるのです。

私が伝えたいのは、皆さんも日々の生活の中で感じる「これ不便だよね」「こういうサービスがあったらいいよね」という思いを、どんどん実現していってほしいということです。若さは力です。20代は起業をするのに1番いいタイミングなんですよ。

世界を訪ねて現場を体感する

2つ目のルールは、「世界を体感すること」です。私が海外で体験したユニークな取り組みをいくつかご紹介します。

1つ目は、デンマークのコペンハーゲンにあるアブサロン（Absalon）という施設です。ここは、雑貨店「Flying Tiger」の創業者が築100年以上の教会を買い取り、コミュニティスペースとして再生した場所です。昼間はヨガやダンスなどのアクティビティが行われ、夜になると「共同のリビングルーム」として、地元の人々が一堂に会して夕食を楽しむ場に変わります。

夕食は毎晩18時からスタートし、地元で賞味期限が迫った食材や、賞味期限を過ぎても食べられるものを使った料理が提供されます。大皿料理をシェアする形式を採用することで、食べ残しを減らす工夫もされています。これはフードロスを解決しながら、シビックプライド（自分が住んでいる地域に対する誇り）にもつながる、素晴らしい取り組みです。私が訪れた際には、シチューのような料理がメインで、人参やジャガイモがたっぷり入っていました。各テーブルには8人ほどが座り、交代でキッチンに食事を取りに行き、みんなで分け合う姿はまるで学校給食のようでした。

フードロスは日本でも大きな課題となっていますが、こうした「楽しく、地域とつながるフードロス解決の取り組み」には、また訪れたくなる魅力があります。こうした試みを実体験することが大事なのではないでしょうか。

もう1つは、ドイツのベルリンにあるフローティング大学（Floating University）です。

この大学は湿地帯をそのまま「校舎」として活用し、自然と共存しながら学ぶ場を提供しています。湿地に生息する昆虫や植物を観察したり、飲料水がどのようにしてつくられるのかを考察したりすることで、生徒たちの主体的に「学びたい」という気持ちを起点に、さまざまなテーマに取り組んでいます。

私が訪れたときは、真ん中にファシリテーターが立ち、右側には「フローティング大学をベルリン大学に帰属させるべき」と考える人、左側には「独立したままでいるべき」と考える人が集まり、ディベートを行っていました。その後、参加者全員がどちらの意見に賛成するか投票し、自分たちで方向性を決めていく形がとられていました。

「教育」という言葉は、教える側の視点に立った言葉ですから、「先生たちの言葉」といえます。しかし、教わる側の視点でとらえるとどうなのか。それは「学び」という言葉が適切です。「学びたい」という気持ちが生徒側の主体的な言葉です。何を学びたいのか、なぜ学びたいのかを生徒自身に委ねることが重要だという考え方が、ヨーロッパでは広まりつつあります。このように、主体的な学びを重視する教育のスタイルは、これからの時代に必要な考え方なのではないかと感じました。

私が「世界を体感してください」と強調するのは、現地で実際に見たものからでなければ、人は想像力を膨らませることができないからです。行った場所、体験した感動でしか、語れないし想像できません。だからこそ、1カ所でも多く、自分の興味のある場所を訪れてみてほしいのです。

やりたいことを大胆に描く

3つ目のルールは、「夢のように、大胆に描こう」です。

さまざまな世界を見て、若さという力が自分の強みでもあると気づいた。では、何をどのようにやろうかとデザインするとき、ある意味で現実を夢だと思い、大胆に自分のやりたいことを描いてほしいと思います。

私の取り組みの一例として、㈱飛騨の森でクマは踊る（通称ヒダクマ）をご紹介します。

ヒダクマは、飛騨市、㈱ロフトワーク、㈱トビムシの3つの組織によって設立された第三セクターです。「豊かな森を維持できれば、クマも山の中で踊り出すのではないか」という願いを込めて、この名前を付けました。

日本の森林蓄積量は2012年まで年々増加し、現在は横ばいの状態です。これは、国内の木材が使われていないことを意味します。国内の木材が使われない理由は、海外から輸入した木材のほうが節が少なく綺麗だからです。そんな木材が、大量に安い価格で購入できるのですから、家具メーカーや建材に関わる人の多くは輸入の木材を使いますよね。

一方、日本の木材は節が多く、間伐されていない細い「小径木《しょうけいぼく》」が多いことから、使い道が限られているのが現状です。それに対して、小径木をうまく使う方法を探すために設立した会社がヒダクマです。

新しい木材の表現を生み出すことに挑戦してくれる建築家や企業、それから建築学校などのニーズを組み込むことができないかと考えました。国内外の需要をヒダクマが受けて、飛騨の職人や木工房など、現在１００社ほどの企業や団体と提携しています。こうして、飛騨の材も含め国産の広葉樹材を流通させる挑戦を始めています。

１００%国産の木を使ったビジネス

２０１６年、ヒダクマは「ファブカフェ・ヒダ（FabCafe Hida）」をオープンしました。滞在型のものづくりカフェです。この施設では、さまざまなプロダクトや取り組みが行われています。その中から、いくつかの例をご紹介します。

１つ目は、飛騨市役所の応接室のリノベーションです。飛騨市から「国産の広葉樹をできるだけ活用した応接室にしたい」と依頼を受け、国産の細い小径木を薄く切って間接照明にする実験を行いました。また、壁には「朴」と呼ばれる広葉樹の小径木をつなぎ合わせて、大きな面をつくりました。テーブルは、細い材の上に材を載せるような形で、小径木を生かすデザインを試みています。

２つ目は、名古屋市にある「ファブカフェ・ナゴヤ（FabCafe Nagoya）」の取り組みです。ＯＫＢ総研（大垣共立銀行のシンクタンク）とロフトワークが共同で運営するものづくりカフェ

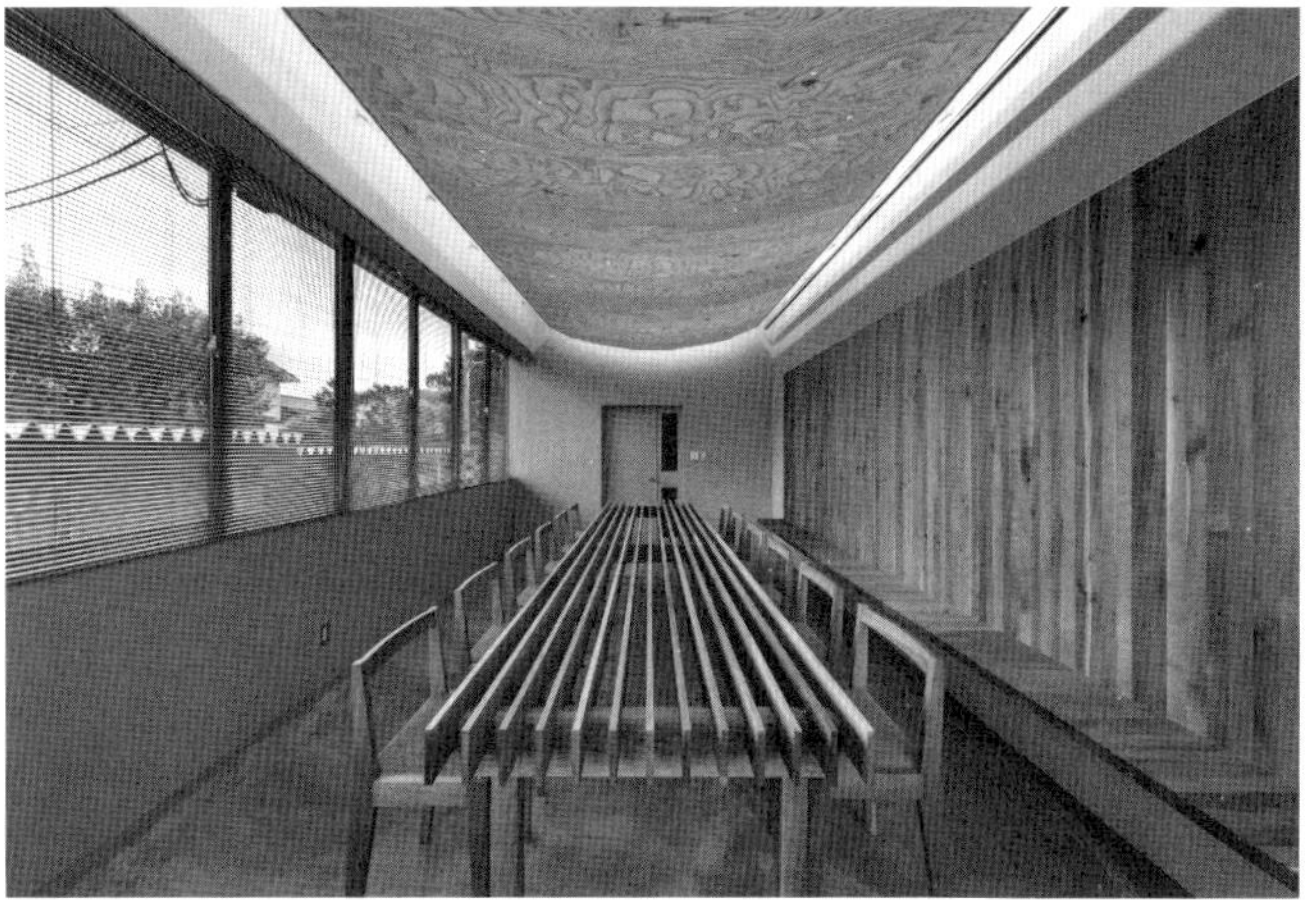

小径木を活用した飛騨市役所の応接室

で、使用する木材はすべてヒダクマから提供されているのですが、特徴は天井にかかっている木です。「耳材」と呼ばれる、木材を切り出した際に残る部分を使っています。耳材は通常、パルプの原料として処理されるため価値が低いとされますが、建築家と協力することでデザインに活用し、木材の新たな可能性を引き出しました。

さらに、幹からとれる耳材だけでなく、「木を100％使う」ことを大切にして、枝や葉っぱ、松ぼっくりなどをアクリルに流し込んだテーブルをつくりました。「Forest Bank」という名前がつけられましたが、このテーブルも大人気です。

また、広葉樹の自然な色味を生かしてつくられたクレヨン「森のクレヨン」も注目を集めています。広葉樹は黄色、黒色、茶色など色味が驚くほど多様で、そこに注目したデザイナーが、天然の木屑を混ぜ込んでクレヨンをつくったのです。このクレヨンは、ファッションや雑貨などを扱う㈱フェリシモから販売されています。

このように、ヒダクマは１００％国産の木を使うことを心がけています。

さらにヒダクマは、新しい挑戦も行っています。建築家と共にヒダクマの森に入り、何本かの伐採する木を選んでもらいました。伐採した木の皮を剥ぎ、３Ｄスキャンをして、コンピューターに木の情報を取り込みます。建築家はその画像データを動かして、「こういうふうに組み立てたらどうだろう」と、さまざまなシミュレーションを行います。その後、強度計算をして、建築家が設計したデータを大工に渡します。すると、「ここで切ればいい」「こういうふうに組み合わせると、このくらいの強度になる」とわかります。これまで大工と建築家は、近い関係にありながら実際にはつながりがなかったのですが、密接に連携できるようになりました。

その成果の一例が、渋谷の宮下パーク（MIYASHITA PARK）にあるオブジェです。エスカレーターを1階から2階へ上がると、その正面にある「パンとエスプレッソとまちあわせ」というカフェの待ち合わせツールになっています。

以上のように、ヒダクマはまだまだ小さな会社ですが、国産材をうまく活用するために、日々努力を続けています。会社を立ち上げて10年目を迎え、２０２３年には黒字化を果たして、今

大工と建築家が協働してつくった宮下パークのオブジェ

年度も黒字を見込んでいます。売上は大きくありませんが、木材を主題に日々挑戦を行っており、会社が黒字になって続いていくことをとてもうれしく思っています。

ぜひ皆さんも「起業家マインド」を持ってください。実際に起業するかどうかは重要ではありません。起業家マインドを持つことが大切なのです。「今のままではうまくいかない部分をどう変えればよいのか」と考え、行動していく。それが起業家マインドです。このマインドを持って、さまざまなことに挑戦してほしいと思います。

「自分にとっての幸せ」を考え、思い切り挑戦してください。

第12章

講義のポイント

1 人に言われたことに従ったり、人がいいと思う方向に進んだりするよりも、自分がやりたいこと、自分の興味があることを行うべき。

2 若さは力である。20代は体力的に無理がきいて、うまくいかなくてもやり直しができ、守らなくてはいけないものもない。状況の変化に対応して方向性を変えられる。

3 人は実際に見たもの、体験した感動でしか想像を膨らませることができない。1カ所でも多く、興味のある場所に行って世界を体感することが大切。

4 何をどのようにやろうかとデザインするときは、夢のように大胆に自分のやりたいことを描くのがいい。

5 「起業家マインド」を持ち、「自分にとっての幸せ」を考えながら思い切り挑戦しよう。

第13章

事業開発としての地方創生

株式会社 IGPIグループ 共同経営者 CLO
株式会社 経営共創基盤 取締役マネージングディレクター
塩野 誠(しおの・まこと)

1975年生まれ、慶應義塾大学法学部卒。ワシントン大学ロースクール法学修士。国内外において企業や政府機関に対し戦略立案・実行のコンサルティング、M&Aアドバイザリー業務を行い、企業投資に関しても20年以上の経験を持つ。近著に『デジタルテクノロジーと国際政治の力学』。

新しいビジネスで地方を再生する

私はさまざまなビジネスに携わっていますが、主に企業へのアドバイスや、スタートアップを含めた企業への投資を世界中で行っています。

本日のテーマ「事業開発としての地方創生」は、一言で言えば、どのようにビジネスをつくるかです。人口が減少し経済が衰退した地方を再生させるには、多くの人が来てくれる新しいビジネスをつくらなければなりません。そのときにどこからどのように考えればよいのか――。

地方創生においては、地域に仕事をつくれば雇用が生まれ、町の税収も増え、みんなの暮らしが豊かになるというういい流れが生まれます。では、どんな事業を行えばいいか。どれほど数多くの成功事例を調べても、同じ事業、同じ状況はないので、そのまま参考になるケースはありませんが、これから紹介する私が関連したビジネスを、1つの考え方としてとらえてください。

私が共同経営者を務めるＩＧＰＩグループでは、最近、地方の温泉ランドを買収しました。少し前には病院の経営にも参画しています。私の仕事の1つは、経営の傾いた企業の売上を伸ばして利益が出るように再生することです。既存の事業を復活させることもありますが、まったく違う分野に取り組まなければ立ち行かないために新しい事業をつくる場合も多くあります。

再生が必要な企業には、当然ながら資金もなく人材もいないので、あれもこれもやることはできません。何に集中するかも重要な要素です。町おこし的なイベントは世の中にたくさんありますが、打ち上げ花火的に1回行うだけでは意味がなく、打ち上げ続けなければなりません。

町を再生し、多くの人の流れをつくろうとするときには、現地の人に新しい人を受け入れる態勢があるかどうかも大事です。「よそ者は来ないでくれ」という姿勢ではうまくいきません。一方で、地域社会を軽視しては、再開発や企業再生は進展しません。外から来たお金と人たちだけで進めると、地元をないがしろにしてしまうことになります。

「自分の町を活性化したい」「地元企業を再建したい」というとき、どのように進めればよいのか、私の会社が取り組んだいくつかの事例で説明しましょう。

ＩＧＰＩは２０１７年に創業した若い会社ですが、現在、東北一円のバス会社やホテルを経営しています。最近ではフェリーやモノレールの経営にも参画しました。歴史の浅い会社であっても、やり方によってさまざまな業種の会社経営が可能です。それには方法論があります。

東北のバス会社には、地元の公共交通機関を維持するために経営に参画しました。業績不振になったバス会社を1社ずつ再生していきました。改善チームを編成して、Ａ社でうまくいった手法を、次にB社に導入するといった具合に経営改善を順次進めていくうちに、いつの間にか数多くのバス会社を所有することになりました。

バスの利便性をより高めるためにアプリも開発しました、今まで自分の家の前を素通りしてバスが巡回していた地域でも、アプリを使って自宅の前にバスを停めることができます。自分の家の玄関先がバス停になるというアプリです。

バス業界に参入した当初は、うまくいくわけがないという声もありましたが、改善に取り組んだ結果、バス路線を地元の足として残し、なおかつ利益を出せるようになりました。

湘南モノレール㈱の再建では、古くなっていた駅ビルを改装して店舗などを誘致し、それによって地元の交通の要所にビジネスをつくっていきました。

空港の経営も手がけています。和歌山の南紀白浜空港の名前に「熊野白浜リゾート空港」という愛称をつけて、再生を行いました。ターミナルビルに店舗やレストランを招き入れる一方で、テクノロジーの力も活用しています。南紀白浜地域にあるさまざまな施設で、顔認証を活用したサービスを受けたり、キャッシュレス決済でショッピングしたりできるようにしました。空港というプラットフォームを使って新たなビジネスをつくっていく試みを行っているのです。今あるものを復活させるというより、新しいビジネスをつくって再生を図ったケースです。南紀白浜空港は2022年に、1968年以来最高の利用客数に達しました。空港も経営の仕方によって利用客を増やすことができるという事例です。

また、私が社外取締役を務めるINCLUSIVE㈱は、京都に下鴨茶寮という創業160年の老舗料亭を所有しています。「京都」というブランドを使い、おせちなどの商品を開発して全国どこからでもネット通販で購入できるようにする一方で、東京の銀座に出店するなど、新しい展開を行っています。

世界は簡単に変わってしまう

ここまで、再生事業をいくつか紹介しましたが、スタートアップ企業の例も紹介しましょう。

2014年に、私はスタートアップ企業に投資しました。婚活マッチングアプリ「Pairs」への投資です。当時マッチングアプリは、「どうせ出会い系でしょ?」「ネットで出会って結婚するわけない」「誰も使わないよ」などと言われましたが、今や結婚相手との出会いの機会の1位です。

今では、若い人に「マッチングアプリ以外でどうやって出会うんですか」と言われることも多く、短期間で世界が変わったことを痛感します。最初、婚活アプリやマッチングアプリなどの出会い系サイトに広告を出す企業はありませんでしたが、まったくビジネス環境が変わりました。

私は世界が簡単に変わる瞬間をいろいろと見てきました。20年ほど前にSkype（スカイプ）が登場しました。エストニアの人がつくった無料のコミュニケーションツールです。当時、このスカイプを㈱ライブドアが日本で売ろうとすると、みんなに「詐欺だろう。電話がタダでかけられるわけない」と言われました。

誰もが無料のＬＩＮＥ通話などを利用している現在からすると信じられませんが、仕方がないので、ライブドアではソフトウエアをＣＤ‐ＲＯＭに焼いて、ヘッドフォンをつけて家電量販店で販売したところ、大勢の人が買ってくれました。もともとタダなのに、「詐欺だろう」と疑うので、あえてパッケージングしてお店で売ったのです。今は無料通話サービスを怪しい事業だと思う人はいません。このように簡単に時代は変わっていくのです。

19歳で興した会社が10年で時価総額1・2兆円に

数年前、私はフィンランドに拠点を構えてヨーロッパで投資事業を行いました。初めてフィンランドに行き、カフェなどで面接して仲間を募りチームをつくりました。その投資先の1つがエストニアです。スカイプを生んだ国です。

エストニアはフィンランドの南に位置し、ロシアと国境を接する日本の100分の1の人口の国です。その小さな国から数多くのスタートアップ企業が生まれています。エストニアの行政関連の手続きは、婚姻関連と不動産の一部を除いてすべてが電子化されていて、オンラインで行うことができます。そのため、エストニアの子どもは「役所はスマホ」だと思っています。

車を駐車するときも、路上スペースに「ここに駐車します」とスマホで通知して駐車料金を払うという環境ができています。そんな国で、ボルト（Bolt）というライドシェアの会社に投資しました。

タクシーを呼ぶと民間人が運転する車がやって来て、それに乗車して指定する場所に行けるという配車システムはウーバーが有名ですが、ボルトはその競合で、東ヨーロッパやアフリカではウーバーより大きなシェアを持っています。

創業者のマルクス・ヴィリグは今から10年ほど前の19歳のとき、高校から大学に入る休暇期間にアプリの開発を始め、「そんなの絶対うまくいかないから止めたほうがいい」とみんなに言われたそうですが、現在ボルトの時価総額は日本円で1兆2000億円ほどです。まだ株式上場はしていませんが、メルカリの3～4倍の価値があります。

日本の人口の100分の1しかない小さな国で、19歳の若者がみんなに止められながらアプリをつくり、その会社がグローバルに展開して、10年間で時価総額が1・2兆円になりました。そんなことが起こり得るのです。

値付け・集中・スピードで勝負する

今、新しいビジネスや世界的に成功した若者の例を述べましたが、では、事業をつくるために必要なことは何でしょうか。「ビジネスとは何か」をひと言でいえば、「誰の何をどうやって解決するか」がすべてです。「誰かの何か」を解決しているからお金がもらえるのです。

ビジネスでは値付け（価格設定）の大切さがよく言われますが、人は「ほしいと思ったらほしい」のです。開発に必要なお金を積み上げて、原価にいくらか金額を足して利益を出すというのも1つの考え方ですが、「人はほしかったら何でも買う」という購買心理に視点を定める方法もあります。人は本当に食べたいと思えば、原価にかかわりなくラーメン1杯に2000円を払います。2000円のラーメンが「誰かの何か（欲求）」を解決するからです。

ビジネスを展開する中で価格やブランドを下から上げていくのはとても大変です。最初に500円と値付けしたラーメンを、みんながほしがるからといって2000円にするのは容易ではありません。昨日まで500円で食べられたラーメンに、今日2000円を払おうとは誰も思いません。ブランド価値も価格も下げるのは簡単ですが、下から上げるのは難しいので、高価格を設定するにはまったく違うものをつくらなければなりません。

もう1つ大切なことは「集中」です。「あれもできます。これもできます。こういう価値もあります」と訴えるより、「こんな価値があります」と1つの魅力を明確に打ち出したほうがビジネスはやりやすいのです。地方再生においても、いくつも魅力を打ち出して、焦点の絞りきれない町づくりをするくらいなら、「絶対的な魅力はこれです」と言ったほうが提供する価値が伝わりやすくなります。

そして、ビジネスは「スピード」こそが命です。ほかの会社が3カ月くらい考えて行うことを2週間でやる以外にありません。人（人材）もお金（資金）もなかったらスピードです。他社よりも先にサービスや商品の提供を実現させるのです。

これらが事業をつくるために考えるべきことです。

加えて注意すべき点は、ビジネスの現場では「自分のストーリー」と「相手のインセンティブ

（その人の損得は何か）」という、「人」の問題に返ってくることです。

ビジネスには核となる人が必要です。「このビジネスに関しては、自分が世界で一番よく考えている」という人が真ん中にいなければ組織は動きません。企業の中で新しいビジネスをつくるときには、「そんなのうまくいかない」などといろいろな人に言われるので、「私はこの事業を一番熱心に考えています」という人がいなければ、ほかの人が本気で協力しようとしません。

また、いろいろな人がいると物事は計画どおりに進みません。関係者がたくさんいると、やっているふりをする人が出てくるし、失敗したときの責任も分散されるからです。私は、少人数でスピードを上げていく方法をとります。新しいビジネスは、計画どおりに進むことはほぼないので、途中で方向を変えていいし、ダメだったらすぐ引っ込める、そんなイメージでやっています。

ビジネスに完全に新しいものはほとんどありません。失敗するときは、経験不足ではなく調査不足の場合が多いので、そのビジネスに関連する情報を十二分に調べてから始めます。

勝てるアイデアを出す

ビジネスをつくる際には他社に勝てる要素を考えますが、ポイントが2つあります。

1つ目は簡単に思いつきます。コストが低いこと。ほかより安価につくれることです。もう1つは、ほかとまったく異なる価値を提供すること。アーティストがほかのアーティストと違うスタイルを売りにするようなものです。レストランなども、料理がほかよりも安くておいしいか、あるいはほかとまったく異なる価値を提供できるか、これらが勝てる要素です。

もう1つ加えると、非常にニッチな分野でのビジネス展開です。そこには競争相手がいないからです。

私はいろいろなスタートアップ起業家のプレゼンを受け、一時期は年間200件以上のプレゼンを見ましたが、評価の基本ポイントは「何によって勝てるのか」です。異なる価値の生み出し方について触れておきましょう。

今はチャットGPTを使って新規ビジネスのアイデアを考える人も多いかもしれませんが、たとえばオズボーンのチェックリスト(※)があります。

アイデアを出すときに活用するチェックリストで、いくつかの問いがあります。「ほかに使い道はないですか?」「ほかに適合するものはないですか?」「色や形やお客さんを変えてみたらどうですか?」「大きくしたらどうですか?」「小さくしたらどうですか?」などの問いに答えながら、アイデアを練っていきます。

※アレキサンダー F. オズボーンが考案した、9つの視点からアイデアを生み出す発想法。

たとえば、「色や形や顧客などを変えてみたらどうですか?」という問いを受けて、子ども用のおもちゃを子ども向けに広告するのではなくて、知育玩具として子どものおじいちゃんおばあちゃんに宣伝するのはどうだろうかなどと考えます。

「ほかのものになりませんか?」という問いに対して、高級レストランの昼間の時間が空いているので、撮影スタジオに使ってみようなどのアイデアが出てきます。「一緒にしたり、組み合わせたりできませんか?」に対しては、地方名産の食品に日本酒をペアリングするなどが考えられます。

私は、アイデアが浮かばないときにはこのリストで考えます。グループでディスカッションするときにも使えるアイデア出しのツールです。

客は「価値」にお金を払う

先にも述べましたが、ビジネスを始めるときにはとにかく価格設定が重要です。本当にその価格でいいのか、を考えます。

たとえば、オーベルジュという宿泊施設を備えたレストランがあります。ディスティネーション・レストランとも呼ばれ、そのレストランで食事することを目的にその土地を旅行し宿泊する、というものです。そこには、「そのレストランで食べられるのならお金はいくらでも出す」というお客さんが行きます。

世界には、受付を開始すると数分で予約が埋まるレストランがあります。よく聞く店名ですが、ほとんどの人が行ったことがありません。なぜならずっと先まで予約が入っているからです。日本にも1年以上待たなければならないお店があります。

これは、そこで食べるという体験にお金を払いたいお客さんが多ければ値段がつくというケースです。お客さんが買ってくれるのであれば価格はいくらに設定してもいいわけです。客はコストにお金を払っているのではなくて、価値にお金を払うのです。

マッチングアプリであれば、「パートナーがほしい」「結婚したい」など、人生の根源的なところに対して可能性が高まるからお金を払います。ビジネスを始めるときには、「人はなぜこれにお金を払うのか?」をイメージして、それがどれほどの規模の事業になるかを考えるのです。

売上高は、お客さんの数×単価です。そこに購入頻度が掛け合わされます。どんなに難しそうなビジネスも同じです。

私は、いろいろな起業家や地方で会社を経営している方のアイデアをうかがうことがありますが、そのとき「なぜ、お客さんはこれにこれだけのお金を払いますか。そもそも自分だったら払いますか？」と聞きます。「こういうものがあれば、自分なら絶対払う。自分こそが最高のお客さんである」と言い切れるのであれば、そのビジネスは手触り感としては非常によいといえるでしょう。

私は「自分だったら絶対にその金額を支払います」という答えを受けて、次の問いを発します。「では、あなたに似た人はどれくらいの人数いますか？」。当然ながら、その人しか推していないものであれば事業規模は拡大しませんから、ビジネスとして成立させるのは難しいでしょう。新しいビジネスを始めるときには、そこを厳しく問わなければなりません。

「そこにしかないもの」で地方を創生する

地方創生をお手伝いしている中で、いくつか活性化のポイントがあることに気づきました。少しお伝えしましょう。

1つは、「そこにしかないもののほうがいい」ということ。数多くの商品・サービスが提供され、これだけ情報があふれている中では、さまざまなものと容易に比較され、優劣がつけられますから、そこにしかないものでなくてはいけません。ものづくりの面でもそうですが、町がミニ東京になっても魅力がありません。

それから、「普遍的な価値」です。町おこし系では、「なぜそこに行くか」に答えられるもの。たとえば、「みんなが入りたい学校があること」は非常に力を持ちます。普遍的な価値には「安心・安全」も含まれ、安心・安全を象徴するよい病院は地域の魅力を高めます。よい学校・よい病院は、普遍的な価値の面でみんなが求めるものです。

そのほかは先述したように、「素晴らしい食事」「素晴らしい自然」です。世界各国を見ていると、日本ほど多様な自然を持つ国はあまりありません。北海道と沖縄では自然環境がまったく異なります。こうした自然が観光資源、資産になります。

少し前まで、「ホテルには7万円の壁がある」と言われていました。1泊7万円以上は高額すぎて、そんな金額を払ってまで泊まる人はいないと思われていましたが、インバウンドの波が来て、その壁をあっさり突破しました。

私のオフィスは東京駅のそばにありますが、駅の周辺は外国人観光客ばかりです。とくに増加を感じるのは、ヨーロッパから来日したシニア層です。家族で長期滞在しているケースも非常に増えました。そういう外国人旅行者たちからすれば、為替の関係で、日本の物価は価格の6〜7

割というイメージです。私たちにとっての7万円は、インバウンドにとって4万円強なのです。ですから、彼らは「この金額でこのクオリティならすごく安いね」と言うわけです。

先日ロンドンに出張しましたが、街のチェーン店のうどん店に行ってチクワなどをちょっとトッピングすると４０００円でした。日本なら１０００円もしないでしょう。そんな感覚なので、海外から来日するとすべてを安く感じるのではないでしょうか。

今、世界から見て日本ほど物価の安い国はないという状況にありますが、では、その中でどうやってビジネスを行うか。

インバウンドを対象にする場合、英語化、多言語化は必須です。お客さんの数を増やすには世界中の人の情報網に入るようにしなくてはならないので、地元名産なども、外国人が見て、直感的にどんなものかがわかるようなパッケージングが増えています。日本語だけではどんな商品なのかわかりません。

北海道の可能性とコープさっぽろの役割

最後に北海道の可能性とコープさっぽろの役割についてお話ししましょう。

北海道の可能性という点では、まさにその環境です。気候などの資源が数多くあります。しかし一方で、古くなったインフラなどの社会的な課題を解決しなくてはなりません。先ほどお話しした地方のバス会社の再生のように課題を解決できれば、みんなが目指すようなロールモデルになる可能性があります。

北海道にはブランド力があります。北海道産の日本酒やワインなどが有名ですが、ニセコ町でつくっている栄養補給食のパウバー（The POW BAR）もその1つです。高級なエナジーバーなのですが、よく売れています。北海道はブランドをつくりやすい場所なのではないかという気がしています。

私の会社はホテルも運営していますが、ホテルのレストランでは、とにかく人の採用が難しいという状況があります。バス会社でも運転手の採用は容易ではありません。給料を高くしても採用できないのですが、コープさっぽろではその解決策としてさまざまなＩＴを活用しています。小売業はそもそも採用難で事業展開が難しいという状況に対するチャレンジを行っていけば、これもロールモデルになるでしょう。

コープさっぽろがその素晴らしい組織力で、人員不足、営業配達の負担軽減、職員の待遇改善という課題解決を先導していけば、それはほかの生協や会社が目指すべき方向を提示することになります。人材採用で苦しむビジネスに向けて、事業によって雇用を生み、効率化によって賃金を上げるという形で課題の解決策を指し示すことができます。それがコープさっぽろの役割の1つではないかと思います。

繰り返しになりますが、「誰かの何かを解決する」のが仕事です。ラーメンをつくるのも、誰かの何かを解決していることなので、その価値に対して人はお金を払います。2000円の価値があると思えばお金を払うし、ないと思えば払いません。

グローバル化した社会では、見知らぬ国や地域でもビジネスを始めようと思えば立ち上げることができます。10年前にはいかがわしいと思われていたマッチングアプリが今は市民権を得ました。世界は簡単に変わりますし、どんな時代であっても誰かの何かを解決することがビジネスになるのです。

第13章

講義のポイント

1 世界は簡単に変わってしまう。「誰も使わない」と言われたマッチングアプリも、「詐欺だろう」と怪しまれた無料通話サービスも今や必須のツールになった。

2 ビジネスとは「誰かの何か」を解決すること。客はその価値に対してお金を払う。

3 ビジネスを始めるときは「値付け」「集中」「スピード」を重視する。

4 他社に勝つための要素は3つ。コストが低いこと（ほかより安価でつくれること）、ほかとまったく異なる価値を提供すること、競争相手のいないニッチな分野でビジネスを展開すること。

5 地方創生のポイントは、「そこにしかないもの」「安心・安全など普遍的な価値」「素晴らしい食事」「素晴らしい自然」を提供・訴求すること。

おわりに

生活協同組合コープさっぽろ　理事長　大見英明

コープさっぽろは２０２５年に60周年を迎えます。１９９８年の事実上の経営破綻から再建を進めることができたのは、やはり生活協同組合という事業を展開する上での組織体の持っている優位性を最大限発揮できたからではないかと思っています。

私たちは地域の組織として、そこに住む生活者が、自らの生活をよくするために自ら出資し、運営に参加し、利用するという組織でもあります。これは今日、社会の問題を解決するために生活者が資金をクラウドファンディングとして広く集めて、サブスクリプション（共同利用）を推進するという新しいビジネスモデルの流れと同様に、はじめから原点的な特徴を持った組織形態ということができます。

この組織は、地域の組合員の生活をよりよくしていくために存在します。日本と地方の今日的な課題は、人口減少がさらに進む社会で、日本の経済成長期のさまざまな制度・仕組みの見直しが必要であるにもかかわらず、事実上先送りされたままであり、地方における生活の困難性がますます拡大していることです。

その中にあっても、私たちは自らの生活を充実させて、実践的かつ主体的に課題解決をはかっていくことが必要です。私たちの組織にとっても２０２５年は転換点であり、次の時代を見据えて、進むべき方向性を見出していかなければなりません。

本講座にご協力をいただいた13名の日本を代表する講師の皆さんからは、日本と先端技術の可能性、食産業の可能性、そして地域再生の実践的可能性などについてたくさんのご示唆をいただくことができました。あらためて感謝いたします。ここで提示された課題を、私たちが北海道でどこまで実践できるかが問われており、しっかりと地域に根差して、さらなる努力を続けていきたいと思います。

本寄付講座「北海道未来学」は昨年に続いて2期目の開講となります。そして２０２５年に3期目を開講し、本講座のまとめとしたいと思います。この間の本講座の開設に全面的にご協力をいただいた小樽商科大学にあらためて深く感謝いたします。

２０２５年2月6日

［監修者］

国立大学法人北海道国立大学機構 小樽商科大学
コープさっぽろ寄付講座運営委員会

国立大学法人北海道国立大学機構 小樽商科大学
李 濟民（名誉教授）
加賀田和弘（商学科 准教授）
玉井健一（グローカル戦略推進センター産学官連携推進部門長・教授）
北川泰治郎（グローカル戦略推進センター産学官連携推進部門 副部門長・教授）
佐々木いづみ（教務課学部教務係長）

生活協同組合 コープさっぽろ
大見英明（理事長）
緒方恵美（執行役員 組織本部長）
森 ゆかり（広報部 広報メディアグループ長）

国立大学法人北海道国立大学機構 小樽商科大学

1911年、国内で５番目の官立高等商業学校である「小樽高等商業学校」として創立し、1949年、学制改革に伴い小樽商科大学として単独昇格。創立以来、「実学・語学・品格」を教育理念とし、広い視野と豊かな教養、倫理観に基づいた専門知識と識見を有し、現代社会の問題解決に指導的役割を果たす人材を育成している。

生活協同組合コープさっぽろ

1965年、消費者の手で真に消費者の利益を守る流通網をつくろうと設立。北海道内で、店舗、宅配システム「トドック」、エネルギー事業など生活に関わる事業を展開している。200万人以上の組合員を擁し、道内の世帯加入率は８割を超えている。

北海道未来学 2

2025年 4 月22日　第 1 刷発行

監修者———国立大学法人北海道国立大学機構 小樽商科大学
コープさっぽろ寄付講座運営委員会
発　売———ダイヤモンド社
〒150-8409　東京都渋谷区神宮前6-12-17
https://www.diamond.co.jp/
電話／03·5778·7240（販売）
発行所———ダイヤモンド・リテイルメディア
〒101-0051　東京都千代田区神田神保町1-6-1
https://diamond-rm.net/
電話／03·5259·5941（編集）
装丁・本文デザイン— 山﨑綾子（dig）
印刷／製本—— ダイヤモンド・グラフィック社
編集協力——— 大屋紳二（ことぶき社）
編集担当——— 山本純子

ISBN 978-4-478-09097-8